Geschenke *liebevoll* verpacken

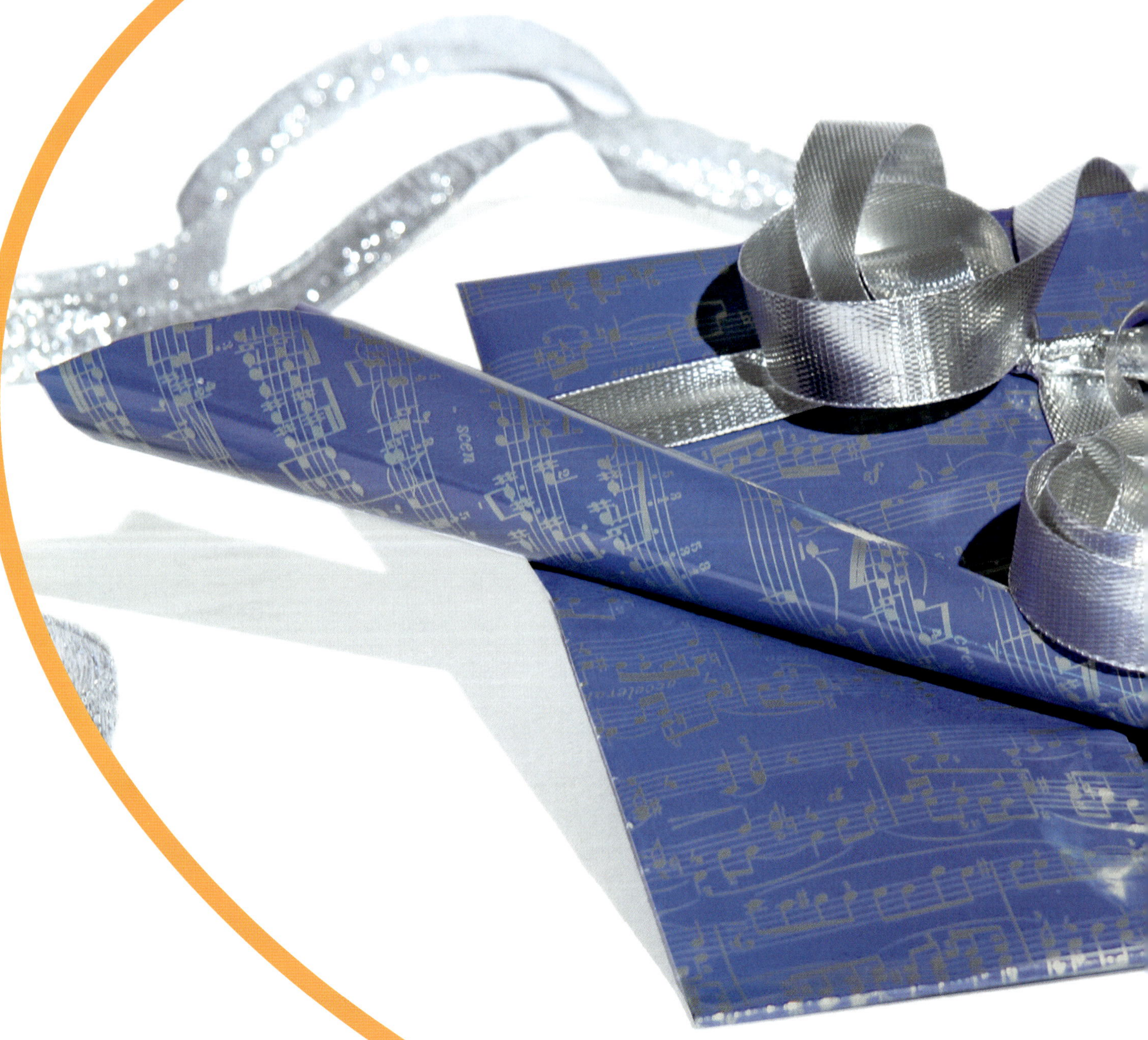

Sonja Sammüller

Geschenke *liebevoll* verpacken

EDITION XXL

Inhaltsverzeichnis

Vorwort

Einem anderen Menschen etwas zu schenken, ist wohl eine Freude der ganz besonderen Art. Verleihen Sie dem Präsent durch eine kreative und fantasievolle Verpackung eine persönliche Note und zeigen Sie dem Beschenkten damit, wie wichtig er und der Anlass Ihnen ist. Mit ein bisschen Mühe und Einsatz werden Sie ein strahlendes Lächeln in sein Gesicht zaubern und einen bleibenden Eindruck hinterlassen.

Um Begeisterung hervorzurufen und Neugierde zu wecken, braucht die Verpackung weder teuer noch besonders zeitaufwändig zu sein. Reizende Effekte können Sie schon allein mit einem Stück Geschenkpapier und einem Stück Band erzielen. Oder wie wäre es einmal mit einem Geschenk aus einer Konservendose oder einer Styroporkugel? Spielen Sie mit Form und Farbe! Die Bastelanleitungen mit den vielen Schritt-für-Schritt-Fotos in diesem Buch führen Sie sicher ans Ziel.

Neben der Beschreibung der besten Techniken des Verpackens und der wundervollsten Schleifen erhalten Sie eine Übersicht über das benötigte Werkzeug, verschiedene Verpackungsmaterialien und Bänder.

Ob viereckige oder sechseckige Schachteln, zylinderförmige oder runde Verpackungen, Flaschen, Blumen, eine Last-Minute-Verpackung oder ein Geschenk aus der Tüte: Hier findet jeder etwas Passendes für den gegebenen Anlass.

Viel Spaß beim Verpacken und Schenken
wünscht Ihnen

Ihre Sonja Sammüller.

Ratgeber: Werkzeuge

Sie benötigen kein teures Zubehör, um die Verpackung der Geschenke so zu verwirklichen, wie sie hier gezeigt werden. Einen kleinen Werkzeugvorrat haben Sie in Ihrem Haushalt sicher schon angelegt. In diesem finden sich dann auch die meisten der in diesem Buch verwendeten Utensilien.

1. Papierschere
2. Kleine Allzweckschere
3. Cutter
4. Locher
5. Klebeband
6. Doppelseitiges Klebeband
7. Aufkleber
8. Hefter
9. Dünner Draht
10. Falzbein
11. Geodreieck

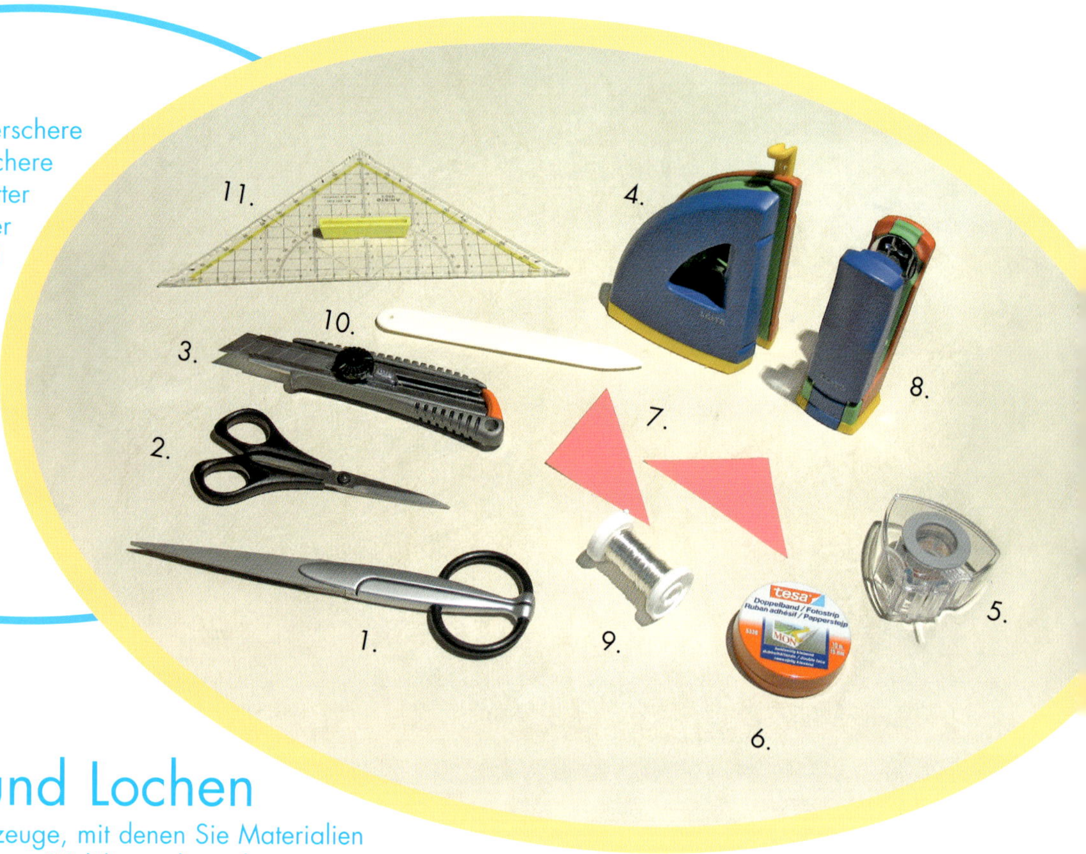

Schneiden und Lochen

Es gibt verschiedene Werkzeuge, mit denen Sie Materialien trennen oder zerteilen können. Welches sich am besten eignet, hängt meist von der Beschaffenheit des Materials ab:

Papierschere

Verwenden Sie diese ausschließlich zum Schneiden von Papier, da alle anderen Materialien sie stumpf machen. Je größer die Papierschere ist, desto gerader können Sie z. B. Geschenkpapier von Rollen abschneiden.

Kleine Allzweckschere

Sie ist bestens für das Schneiden von Bändern oder dünnem Draht geeignet. Eine kleine Schere ist sehr handlich und sie hilft Ihnen, auch an die verwinkeltste Ecke eines Materials zu gelangen. Wählen Sie eine Schere mit einer scharfen Spitze. Mit dieser können Sie dann auch manche Gegenstände lochen.

Cutter

Dieser wird auch oft als Teppichmesser bezeichnet und ist hervorragend zum Schneiden langer Karton- oder Papierstücke geeignet. Legen Sie das zu schneidende Material auf eine Schneidematte oder ein altes Stück Holz. Legen Sie an der zu schneidenden Linie ein Lineal oder eine Metallschiene an und fahren Sie mit dem Cutter vorsichtig entlang. Sie erhalten so ganz gerade Stücke, wie Sie sie mit einer Schere niemals schneiden könnten.

Locher

Er ist nicht nur zum Lochen von Belegen für die Ablage im Büro geeignet, sondern lässt sich auch hervorragend zum Basteln verwenden. So können Sie z. B. durch gelochtes Papier oder dünnen Karton Bänder ziehen oder Konfetti selbst herstellen.

Kleben und Fixieren

Falsche Kleber können ein Geschenk ganz schnell ruinieren, da sie zu sehr auffallen, Materialien zerstören oder nicht richtig halten. Doch diese kleinen Helfer sollten Sie auf alle Fälle stets griffbereit haben:

Klebeband

Kristallklares Klebeband kommt beim Verpacken wohl am meisten zum Einsatz. Es gibt qualitativ sehr hochwertige Abroller, die ihr Geld meistens auch tatsächlich wert sind. Auf keinen Fall sollten Sie Klebestreifen auf Vorrat abreißen und an der Tischkante entlang befestigen, bis Sie sie benötigen. Das zieht unnötigen Schmutz an und gibt viele Fingerabdrücke.

Doppelseitiges Klebeband

Wenn Sie nicht möchten, dass die Klebestellen überhaupt zu sehen sind, arbeiten Sie am besten mit doppelseitigem Klebeband. Das ist mit Sicherheit die sauberste und professionellste Lösung. Bringen Sie das Klebeband immer erst an der zu klebenden Stelle auf einer Seite an und ziehen Sie den zweiten Schutz erst ab, wenn Sie gleich im Anschluss kleben.

Aufkleber

Sie können ein Geschenk oftmals noch verschönern. Ihr Vorteil ist, dass sie größer als Klebeband und nicht durchsichtig sind. Dadurch lassen sich unschöne Stellen manchmal gut verstecken. Sollten Sie für ein Geschenk einen Aufkleber unbedingt benötigen, aber keinen zur Hand haben, so schneiden Sie einfach ein Stück Geschenkpapier in die gewünschte Form und bekleben Sie es auf der Rückseite mit doppelseitigem Klebeband.

Hefter

Besonders beim Verpacken von Blumensträußen und Topfpflanzen kommt dieser zum Einsatz. Außerdem können Sie mit einem Hefter Schleifen gut fixieren. Dabei gilt: je kleiner, desto handlicher und damit praktischer.

Dünner Draht

Das perfekte Mittel, um Schleifen zu fixieren, da der Draht nicht aufträgt, aber sehr gut hält.

Falten

Dünne Papiere lassen sich stets leicht mit den bloßen Händen falten, dickere Papiere oder sogar Karton sind hingegen in der Handhabung etwas kniffliger. Doch auch hier gibt es kleine Helfer:

Falzbein

Es bestand ursprünglich aus einem flachen, ca. 15 cm langen Stück Rinderknochen (daher der Name) mit einer abgerundeten Spitze. Man verwendet es zum Flachreiben der Knicke beim Falten von Papier. Legen Sie dazu stets ein Lineal an die gewünschte Falzlinie an und fahren Sie mit dem Falzbein immer wieder darauf entlang. Somit kann das Papier nicht brechen und Knicke sehen sehr sauber und exakt aus. Heute werden auch Falzbeine aus Holz oder Kunststoff hergestellt.
Sollten Sie kein Falzbein zur Hand haben, können Sie auch einen alten Kugelschreiber benutzen, der nicht mehr funktioniert. Dieser erfüllt den gleichen Zweck.

Ratgeber: Verpackung

Sich für das passende Verpackungsmaterial zu entscheiden, ist oft nicht leicht. Um aus dem reichhaltigen Angebot der verschiedensten Verpackungsmaterialien das optimalste für Ihr Geschenk auszuwählen, beachten Sie am besten zum einen genau den Geschmack des Beschenkten, aber auch den Anlass. Neben dem normalen Geschenkpapier stehen viele weitere, zum Teil nicht alltägliche Verpackungsmaterialien zur Verfügung, die hier für Sie aufgeführt sind.

Normales Geschenkpapier

Es eignet sich eigentlich für jede Art von Verpackung. Sie sollten immer ein paar Rollen oder Bögen zu Hause haben. Ob einfarbig oder gemustert, ist Geschmackssache. Beim Verpacken können Sie auch beides miteinander kombinieren.

Verwenden Sie stets qualitativ hochwertiges Papier: Es sollte nicht zu dick sein, da beim Falten sonst unschöne Wulste entstehen. Außerdem sollten Sie darauf achten, dass das Papier nicht durchsichtig und einigermaßen reißfest ist.

Klarsichtfolie

Sie trägt zur Veredelung eines jeden Geschenkes bei. Ob als Verpackung um Gläser und Blumensträuße oder zu einer netten Schleife gebunden: Ihre Glanzeffekte im Licht verzaubern jeden Beschenkten.

Doppelseitig bedrucktes Geschenkpapier

Kreative Faltvorgänge und außergewöhnliche Formen kommen viel besser zur Geltung, wenn das Papier beidseitig – in unterschiedlichen Farben – bedruckt ist.

Metallicfolie

Mit ihr lässt sich vieles gut verpacken, da sie besonders reißfest ist. Bei etwas komplizierteren Faltvorgängen ist sie außerdem gut geeignet, da sie einen falschen Knick nicht gleich mit Falten im Papier bestraft. Bitte gehen Sie mit allen Folien sparsam um und verwenden Sie diese mehrmals, da ihre Herstellung die Umwelt sehr stark belastet.

Strohseide

Das feine Papier mit großer Wirkung! Das Seidenpapier mit Fasern vom Maulbeerbaum wirkt sehr natürlich und passt zu nahezu jedem Anlass. Es ist in vielen Farben und mit unterschiedlichen Strukturen erhältlich.

Bastelkarton

Je stärker der Karton ist, umso stabiler ist er auch. Allerdings lässt er sich dann schlechter falten. Überlegen Sie sich, was seine primäre Aufgabe sein soll. Zum Dekorieren genügt auch einmal farbiges Papier.

Zeitungspapier, Packpapier, Tüten

Manchmal kommen Anlässe, zu denen man ein Geschenk benötigt, überraschend und unverhofft. Sollte Ihr Geschenkpapiervorrat erschöpft sein, so bietet es sich durchaus an, auf einfachere Mittel zurückzugreifen. Die Verpackungen können so sehr kreativ und einzigartig ausfallen.

Stoff

Auch mit Stoffen können Sie Geschenke ideal verpacken. Es gibt viele Stoffarten wie Jute, Samt oder verschiedene Deko-Stoffe, die Sie schon zu sehr günstigen Preisen kaufen können. Oder verwenden Sie doch einfach mal ein Seidenhalstuch oder einen -schal als Verpackung.

Ratgeber: Bänder und Schleifen

Ist ein Geschenk erst einmal verpackt, kommt der letzte Feinschliff: die Schleife. Hierzu werden eine Fülle von verschiedenen Arten angeboten und man hat oftmals die Qual der Wahl. Überlegen Sie sich genau, welches Resultat Sie erzielen möchten: schlichte Eleganz oder doch eher üppiger Prunk? Kinder haben andere Geschmäcker als Erwachsene und zu jedem Anlass passen unterschiedliche Schleifen. Hier können Sie sich einen Überblick über die einzelnen Bandarten verschaffen:

Schmales Band ist meist als Eiknäuel oder auf einer Tischspule erhältlich. Überlegen Sie sich, wie viel Band von einer Sorte Sie haben möchten. Wenn Sie nicht so oft und gerne ganz unterschiedlich verpacken, sind Eiknäuel mit Sicherheit geeigneter.

Schmales Band

Es eignet sich nicht besonders gut zum Binden einer Schleife, aber zum Verschnüren eines Paketes oder zum Splitten und Kräuseln. Es gibt hier große Unterschiede zwischen den einzelnen Bändern:

Polybänder: Sie sind glatt und glänzend. Das Material ist wasserbeständig und sehr strapazierfähig. Es ist die gebräuchlichste Art von schmalen Bändern.

Bänder auf Polybasis: Sie haben eine strukturierte, seidenmatte Oberfläche, fühlen sich an wie Papier, besitzen aber die Vorteile eines strapazierfähigen Geschenkbandes: Sie färben bei Nässe nicht ab und behalten die Form.

Metallic-Bänder: Sie sind sehr strapazierfähig sowie wind- und wetterfest. Besonders zur Weihnachtszeit bereitet das Glitzern und Funkeln den Beschenkten meist außerordentliche Freude.

Metallic-Texturierte-Bänder: Die Oberfläche des Bandes hat eine textilähnliche Gewebestruktur mit einem sanften Glanz. Dieses Material ist sehr strapazierfähig, wind- und wetterfest.

Kräuseln können Sie das schmale Band am besten mit einem kleinen Messer oder einer handlichen, kleinen Schere.

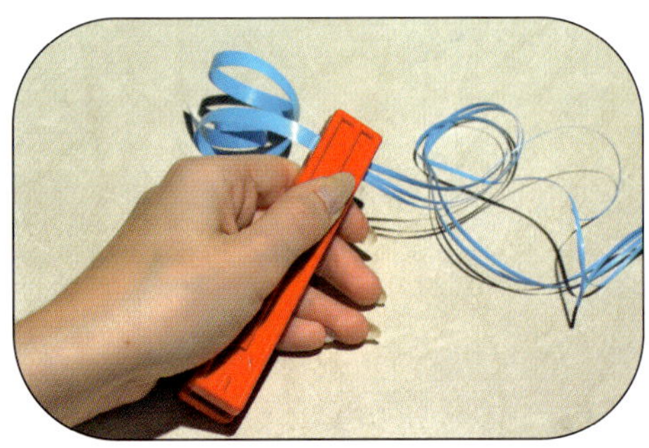

Ein Splisser hilft Ihnen beim Teilen der Bänder. Sollten Sie keinen haben, so können Sie auch eine kleine Reißzwecke zum Teilen benutzen.

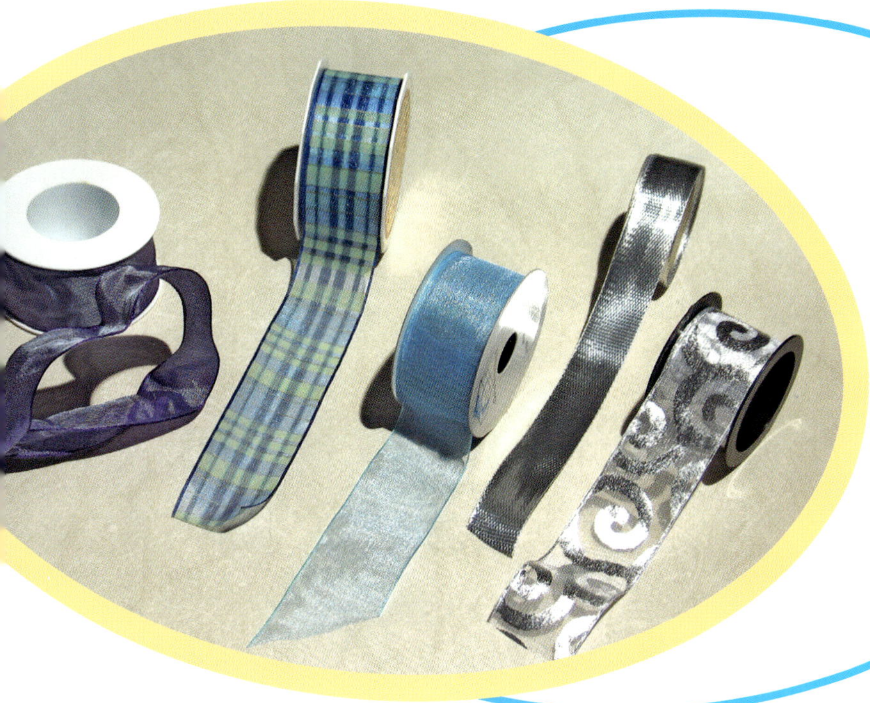

Breites Band

Dieses ist hervorragend zum Binden von üppigen Schleifen geeignet. Aber auch hier gibt es große Unterschiede. Neben den vielen Materialien wie bei den schmalen Bändern gibt es hier noch zusätzlich
Band aus Textilfasern: Ob aus festen oder Tüllstoffen – diese Bänder sehen immer sehr hochwertig aus und passen zu jeder Sorte von Geschenkpapier.
Band aus Metallfasern: Das metallische Glänzen dieser Bänder wirkt besonders festlich und ist zur Weihnachtszeit sehr beliebt.
Breite Bänder sind meist auf Rollen oder als Meterware erhältlich. Am praktischsten sind Rollen: Sie halten eine Weile und sind im Verhältnis oft günstiger.
Band, bei dem am Rand Draht eingearbeitet ist, stellt beim Binden von Schleifen eine sehr praktische Hilfe dar, da Sie es in jede erdenkliche Form biegen können.

Zierkordel

Sie trägt zur Veredelung eines jeden Geschenkes bei und ist in vielen verschiedenen Farben und in den unterschiedlichsten Stärken erhältlich. Sie sollten sie stets an den Enden zuknoten, damit sie nicht ausfranst.

Zubehör

Naturbast, Gemüsenetze und Deko-Sisal sind nur einige der kleinen Helferchen, die Sie sich beim Binden von Schleifen zunutze machen können. Sie verleihen den Schleifen mehr Volumen und damit Ausdrucksstärke.

Klassische Verpackung

1.

Sie benötigen:
- eine Rolle Geschenkpapier
- Papierschere
- kleine Schere
- doppelseitiges Klebeband

2.

Legen Sie die Schachtel mit der Oberseite nach unten auf das ausgerollte Papier, um zunächst die Größe des Bogens zu ermitteln, der zum Verpacken des Geschenkes benötigt wird.

3.

Das Papier soll das Geschenk mit einer kleinen Überlappung umschließen.

4.

An den Seitenrändern hat das Papier die Höhe der Schachtel. Schneiden Sie das benötigte Papier von der Rolle vorsichtig und möglichst gerade ab.

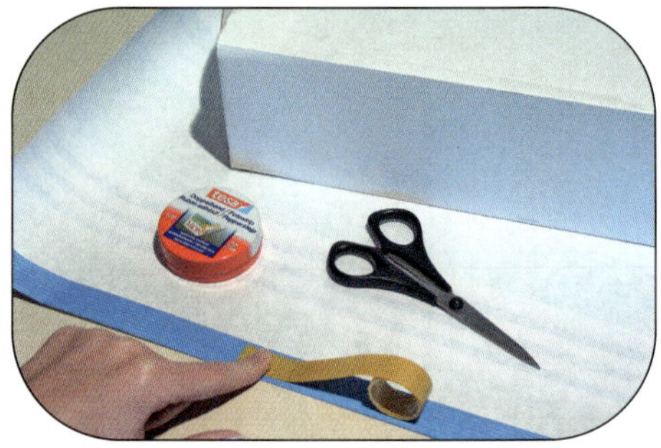

5.

Schlagen Sie das Papier leicht ein und befestigen Sie das doppelseitige Klebeband daran. Kleben Sie das Paket entlang der Mitte zu.

6.

Knicken Sie das Papier an den kürzeren Seiten entlang der Schachtel ein.

7.

Schlagen Sie die obere Klappe nach unten und falten Sie die untere Klappe nach oben. Knicken Sie die untere Klappe so ein, dass die Naht auf der Mitte sitzt.

8.

Bringen Sie das doppelseitige Klebeband an und kleben Sie die Klappe sorgfältig fest. Verfahren Sie genauso mit der anderen Seite des Paketes.

Ein Geschenk lässt sich am schnellsten auf die klassische Art und Weise verpacken. Wenn Sie diese Variante beherrschen, können Sie ganz leicht und stets spontan jedes viereckige Geschenk verpacken.
Um das Ganze möglichst individuell aussehen zu lassen, machen Sie sich am besten ein paar Gedanken über den Anlass und den Geschmack der Person, der das Geschenk gilt. So ist z. B. bunt gestreiftes oder gepunktetes Papier modern, Papier mit Blumen eher romantisch und klassisch, dezent einfarbiges hingegen seriös und elegant. Die farblich passende Schleife unterstreicht die gewünschte Wirkung des Geschenkes.

A.

Sie benötigen zur Dekoration:
- breites Band
- kleine Schere

B.

Legen Sie das Band diagonal über die Ecke der Schachteloberseite und ziehen Sie es mit beiden Händen über die Seitenränder nach unten.

C.

Führen Sie die Bandenden parallel über den Boden bis zur gegenüberliegenden Ecke und ziehen Sie das Band dort wieder nach oben.

D.

Verknoten Sie die beiden Bandenden miteinander und binden Sie eine klassische Schleife. Schneiden Sie die Bandenden schräg ab.

Verpackung mit symmetrischen Falten

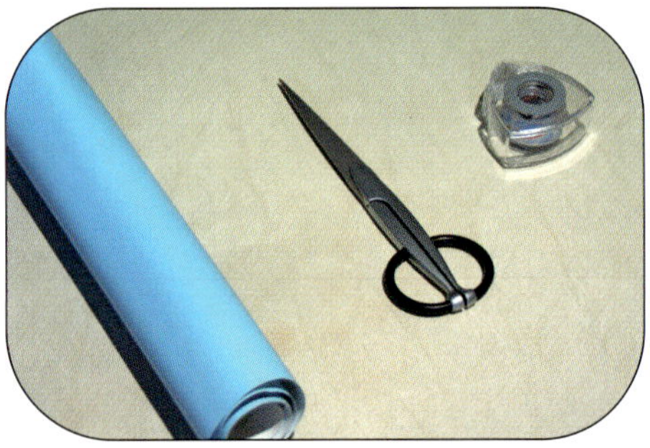

1.

Sie benötigen:
- eine Rolle Geschenkpapier
- Papierschere
- Klebeband

2.

Legen Sie die Schachtel auf das ausgerollte Papier. Schneiden Sie ein Stück ab, das das Geschenk mit einer großen Überlappung umschließt und an den Seitenrändern die Höhe der Schachtel hat.

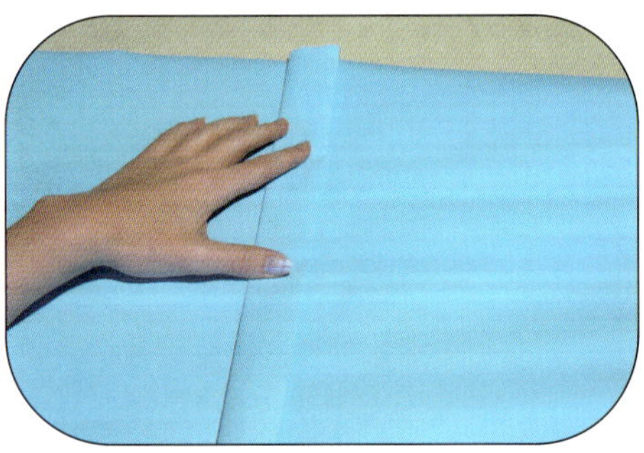

3.

Knicken Sie eine breite Längsfalte in die Mitte des Papiers und schlagen Sie die Seiten nach unten ein.

4.

Knicken Sie weitere, schmälere Falten links und rechts von der Mittelfalte weg. Diese sollten möglichst gleich groß sein. Damit die Falten Halt bekommen, kleben Sie sie auf der Rückseite mit Klebeband fest.

5.

Legen Sie die Schachtel mit der Oberseite nach unten auf das Papier. Schlagen Sie es leicht ein und kleben Sie es entlang der Mitte zu.

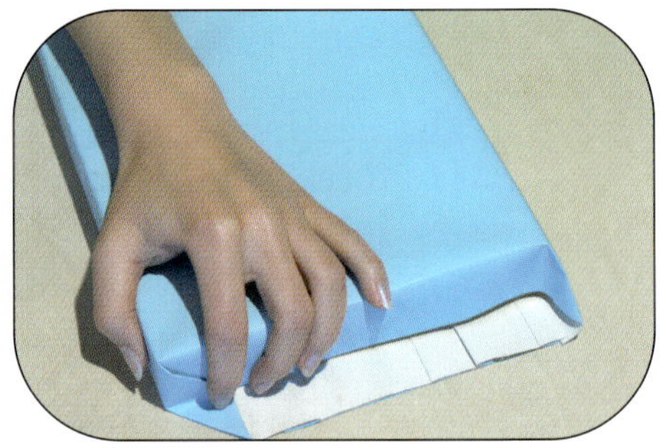

6.

Klappen Sie die Oberseite am Rand entlang herunter und schlagen Sie das Papier an den Seitenkanten ein.

7.

Knicken Sie die untere Klappe so ein, dass die Naht auf der Mitte sitzt.

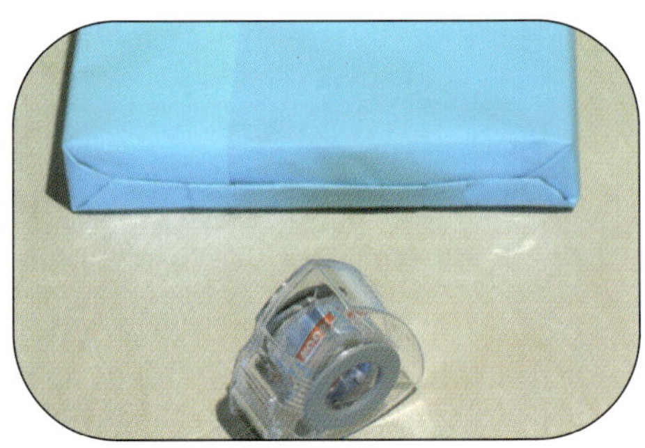

8.

Kleben Sie die Klappe mit etwas Klebeband fest. Verfahren Sie genauso mit der anderen Seite des Paketes.

Falls Sie einmal aus Versehen Papier gekauft haben, das etwas durchsichtig ist, lässt es sich mit dieser Art der Verpackung perfekt verwerten: Die vielen Falten übereinander verdecken den Inhalt ganz sicher. Schließlich wäre es ärgerlich, wenn der Beschenkte zu früh erspähen könnte, was sich unter der schönen Hülle befindet. Ganz wichtig ist bei dieser Verpackung, dass Sie exakt arbeiten, da schiefe und ungleichmäßige Kanten das Geschenk unsauber aussehen lassen.
Sehr effektvoll wirkt ein diagonal zu den symmetrischen Falten angebrachtes Band.

A.

Sie benötigen zur Dekoration:
- breites Band
- kleine Schere
- Hefter

B.

Halten Sie das Bandende mit der linken Hand fest. Legen Sie eine Schlinge um den Daumen. Formen Sie eine größere Schlinge unter dem Daumen nach links und eine gleich große nach rechts. Mit fünf Schlingen ist die Schleife komplett.

C.

Ziehen Sie den Daumen vorsichtig aus der Schleife und heften Sie sie an dieser Stelle. Legen Sie die Schleife diagonal auf das Paket. Ziehen Sie das Band über die Seite nach unten und über Eck wieder nach oben.

D.

Wiederholen Sie den Vorgang auf der anderen Seite des Paketes. Schieben Sie das Band unter die Schleife und heften Sie beides miteinander fest.

Verpackung mit Fächer

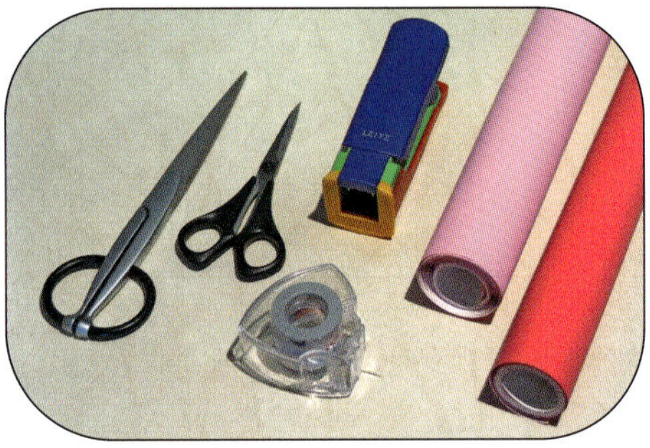

1.

Sie benötigen:
- zwei verschiedene Rollen Geschenkpapier
- Papierschere
- kleine Schere
- Klebeband
- Hefter

2.

Legen Sie die Schachtel auf das ausgerollte Papier. Schneiden Sie ein Stück ab, das das Geschenk mit einer großen Überlappung umschließt und an den Seitenrändern die Höhe der Schachtel hat.

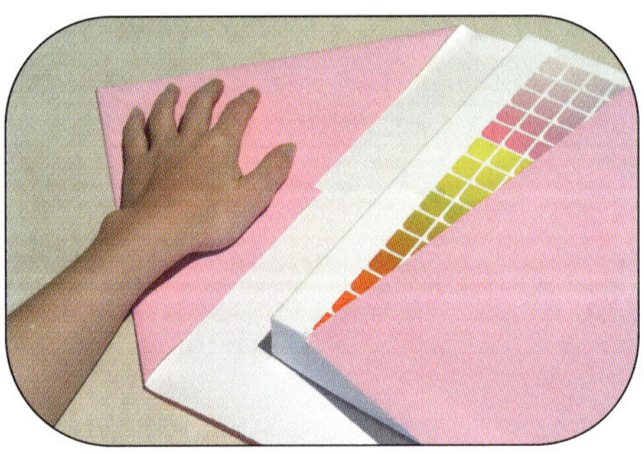

3.

Schlagen Sie die beiden Ecken ein, sodass ein gleichförmiges Dreieck entsteht.

4.

Schneiden Sie von jeder Papiersorte je drei gleich große Streifen. Falten Sie jeweils die unsauberen Kanten nach hinten und kleben Sie diese mit etwas Klebeband zu.

5.

Legen Sie die Streifen fächerartig übereinander und klammern Sie sie mit dem Hefter in der Mitte zusammen.

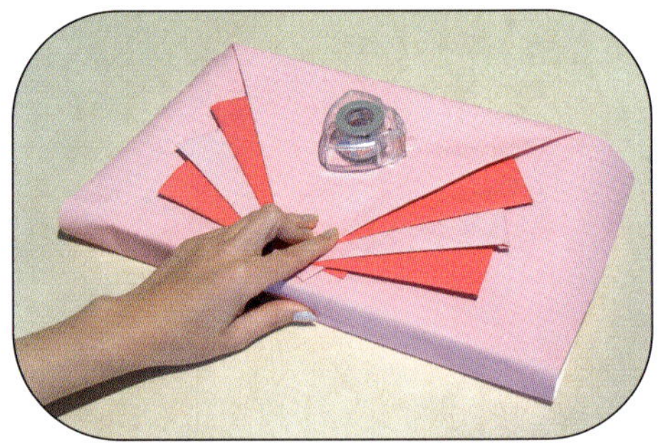

6.

Legen Sie das Geschenkpapier um das Paket. Schieben Sie den Fächer unter das Dreieck und kleben Sie ihn mit diesem fest.

7.

Knicken Sie das Papier an den kürzeren Seiten entlang der Schachtel ein. Schlagen Sie die obere Kante nach unten und falten Sie die untere nach oben.

8.

Knicken Sie die untere Klappe so ein, dass die Naht auf der Mitte sitzt. Kleben Sie die Klappe mit etwas Klebeband fest. Verfahren Sie genauso mit der anderen Seite des Paketes.

Wenn es wirklich einmal etwas ganz anderes sein soll, ist diese Verpackung bestens geeignet. Wählen Sie zwei Papiersorten in harmonierenden Farben. Diese können entweder Ton in Ton oder auch mit starken Farbkontrasten sein. Motivpapier eignet sich in diesem Fall nicht.
Die Strohseide ist eine schöne Ergänzung zu dem normalen Papier, denn sie bietet einen Kontrast und lässt das Geschenk größer aussehen.

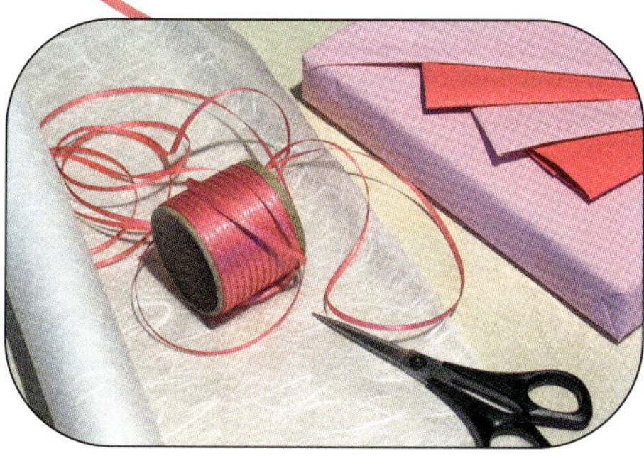

A.

Sie benötigen zur Dekoration:
- Strohseide
- schmales Band
- kleine Schere

B.

Schneiden Sie ein Stück Strohseide ab, das nicht ganz so breit ist wie das Geschenk. Schlagen Sie die Seiten der Strohseide vorsichtig ein.

C.

Stellen Sie das Paket auf die Strohseide und nehmen Sie sie über der Mitte des Paketes zusammen. Binden Sie sie mit einem kleinen Stück des Bandes über dem Paket gut fest.

D.

Knoten Sie noch einige weitere Stücke des Bandes an der gleichen Stelle fest und zupfen Sie die Strohseide schön luftig auseinander.

Verpackung mit Tasche

1.

Sie benötigen:
- eine Rolle Geschenkpapier
- Papierschere
- Klebeband
- eine Karte

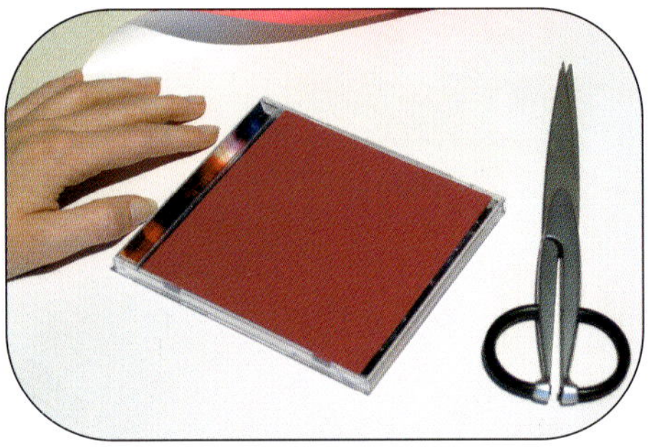

2.

Legen Sie das Geschenk auf das ausgerollte Papier. Schneiden Sie ein Stück ab, das das Geschenk an allen Seiten mit einer großen Überlappung umschließt.

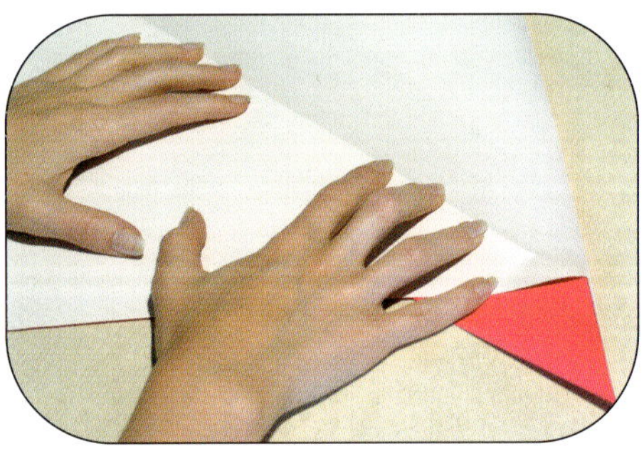

3.

Legen Sie das Papier diagonal vor sich und falten Sie die untere Hälfte einmal nach oben. Falten Sie das obere Teil wie bei einer Ziehharmonika wieder nach unten. So entsteht die Tasche.

4.

Schneiden Sie das überstehende Papier an den Seiten ab, damit wieder eine gerade Seitenkante entsteht. Legen Sie das Geschenk mit der Oberseite nach unten auf das Papier.

5.

Zwei gegenüberliegende Ecken des Geschenkes sollten auf einer Linie mit der Falte des Papiers liegen. Schlagen Sie das Papier an der Längsseite leicht ein und kleben Sie es hinten zu.

6.

Knicken Sie das Papier an den kürzeren Seiten entlang ein. Schlagen Sie die obere Klappe nach unten und falten Sie die untere Klappe nach oben.

7.

Knicken Sie die untere Klappe so ein, dass die Naht auf der Mitte sitzt. Kleben Sie die Klappe mit etwas Klebeband fest. Verfahren Sie genauso mit der anderen Seite des Paketes.

8.

Schieben Sie die Karte vorsichtig in die Tasche.

Oftmals verpackt man Geschenke wunderschön und weiß anschließend nicht so recht, wo die dazugehörige Glückwunschkarte hin soll. Sie wird dann meist als „Störfaktor" empfunden und man fragt sich häufig, wie man sie dem zu Beschenkenden überreichen soll.

Ein Einschuber in der Verpackung ist die perfekte Lösung für dieses Problem: Die Karte wird fester Bestandteil des Geschenkes und kann nicht verloren gehen. Die Verlustgefahr minimieren Sie zusätzlich, wenn Sie das Band über die Karte ziehen.

Besonders schön wirkt es, wenn die Karte farblich auf Papier und Band abgestimmt ist.

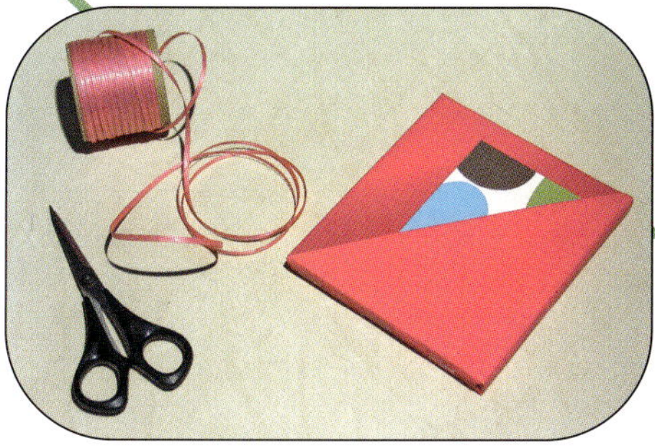

A.

Sie benötigen zur Dekoration:

- schmales Band
- kleine Schere

B.

Legen Sie das Band auf die Oberseite der Schachtel. Drehen Sie die Schachtel auf den Rücken und kreuzen Sie die Bandenden. Drehen Sie die Schachtel wieder und führen Sie das Band auf beiden Seiten nach oben.

C.

Ziehen Sie das Bandende einmal unter dem Mittelkreuz durch und machen Sie einen festen Knoten. Wiederholen Sie diesen Vorgang zwei Mal mit zwei neuen Bändern.

D.

Nehmen Sie drei Stränge, die in eine Richtung laufen, und knoten Sie diese in der Mitte zusammen. Umwickeln Sie den Knoten, bis ein schöner großer Knoten entsteht. Schneiden Sie das überstehende Band ab.

Große Verpackung

1.

Sie benötigen:
- zwei Rollen Geschenkpapier
- Papierschere
- kleine Schere
- doppelseitiges Klebeband

2.

Legen Sie die Schachtel auf das ausgerollte Papier. Schneiden Sie ein Stück ab, das bis auf einige Zentimeter um die Schachtel reicht und einen Großteil der Schachteloberfläche frei lässt.

3.

Legen Sie das zweite Papier auf die Schachtel und schneiden Sie ein Stück ab, das die Oberseite der Schachtel fast komplett bedeckt.

4.

Schlagen Sie das Papier an den beiden langen Seiten leicht ein und befestigen Sie das doppelseitige Klebeband daran.

5.

Stellen Sie die Schachtel mit der Oberseite nach oben auf das große Papier. Legen Sie das kleine Papier obenauf und kleben Sie das große Stück daran fest.

6.

Knicken Sie das Papier an den kürzeren Seiten bis zur Schachtel ein. Schlagen Sie die obere Klappe nach unten und falten Sie die untere Klappe nach oben. Drehen Sie das Paket um.

7.

Knicken Sie die untere Klappe so ein, dass die Naht auf der Mitte sitzt. Bringen Sie das doppelseitige Klebeband an und kleben Sie die Klappe sorgfältig fest. Verfahren Sie genauso mit der anderen Seite des Paketes.

A.

Sie benötigen zur Dekoration:
- schmales Band
- drei Sternenschleifen
- kleine Schere

Häufig bleiben beim Verpacken von Geschenken kleine Reste Geschenkpapier übrig. Somit reichen viele Bögen nicht mehr für das ganze Geschenk oder Ihr Geschenk ist zu groß für jede erdenkliche Rolle.
Diese Art der Verpackung hilft Ihnen auf professionelle Art und Weise aus der Verlegenheit: Lassen Sie die Not am Papier zum Gestaltungselement werden und kombinieren Sie verschiedene Papiere miteinander.
Sie brauchen hierzu noch nicht einmal unbedingt Geschenkpapier verwenden, sondern können als „Lückenbüßer" auch einfach nur Zeitungspapier nehmen. Mit dem einfarbigen Papier wird auf der Oberfläche des Geschenkes eine perfekte Plattform für die Sternenschleifen geschaffen.

B.

Stellen Sie die Schachtel auf das Band und ziehen Sie es über die Seiten nach oben. Verknoten Sie es kräftig und schneiden Sie die überstehenden Enden ab.

C.

Befestigen Sie die Sternenschleifen in gleichmäßigen Abständen auf dem Band entlang.

Dreieckige Verpackung

1.

Sie benötigen:
- eine Rolle Geschenkpapier
- Papierschere
- kleine Schere
- doppelseitiges Klebeband
- zwei Aufkleber

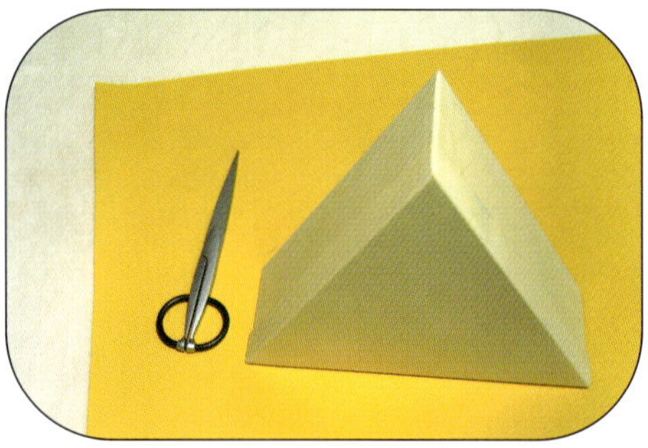

2.

Stellen Sie die Schachtel auf das ausgerollte Papier. Schneiden Sie ein Stück ab, das mit einer kleinen Überlappung um das Geschenk passt und an den Seitenrändern etwas über die halbe Höhe der Schachtel hat.

3.

Schlagen Sie das Papier an der Längsseite leicht ein und befestigen Sie das doppelseitige Klebeband daran. Wickeln Sie die Schachtel so ein, dass die Naht auf der Spitze sitzt.

4.

Drücken Sie das Papier an der unteren Seitenkante entlang der Schachtel nach innen und formen Sie die Falten am Rand sorgfältig aus.

5.

Falten Sie eine Klappe zur Hälfte nach innen und drücken Sie diese anschließend ebenfalls nach innen.

6.

Falten Sie die beiden Ecken der verbleibenden Klappe so nach innen, dass eine Dreiecksform entsteht. Legen Sie die Klappe so über die Schachtel, dass sich alle Klappen auf einem Punkt treffen.

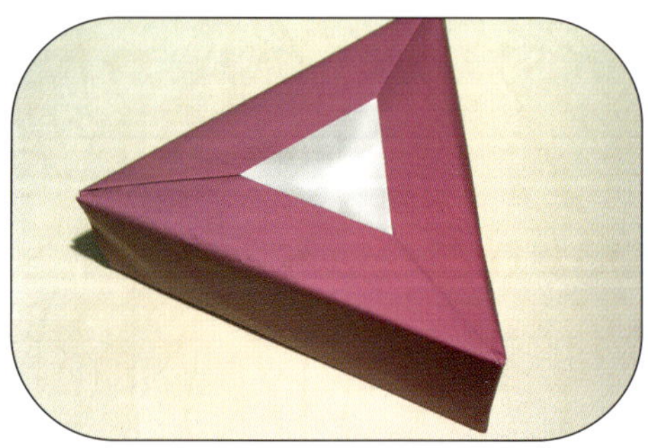

7.

Fixieren Sie die Klappen mit einem Aufkleber und gehen Sie auf der anderen Seite gleichermaßen vor.

A.

Sie benötigen zur Dekoration:
- schmales Band
- breites Band
- zwei verschiedene Rollen sehr breites Band
- kleine Schere

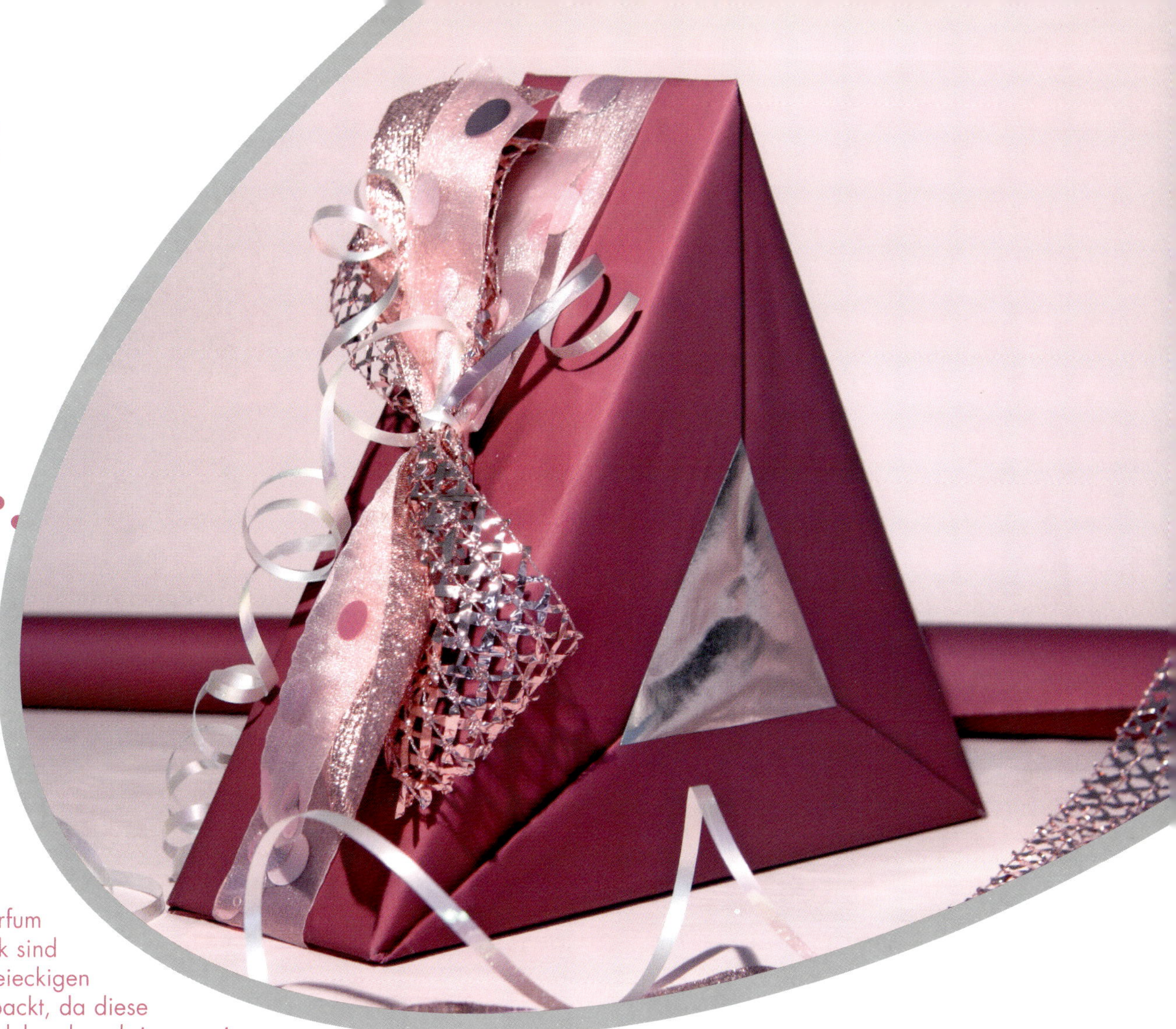

Pralinen, Parfum und Schmuck sind häufig in dreieckigen Kartons verpackt, da diese besonders edel und auch immer ein bisschen extravagant wirken.
Leider ist das Verpacken solcher Kartons oftmals gar nicht so einfach, da wir uns daran gewöhnt haben, vier Seiten bei einer Verpackung zur Verfügung zu haben. Doch hier verraten wir Ihnen, wie Sie ein Dreieck ganz leicht verpacken, ohne dass es die starke Wirkung der nicht alltäglichen Form verliert. Eine große, glänzende Schleife macht das Geschenk zu einer wirklich außergewöhnlich schönen Erscheinung.

C.

Verknoten Sie alle drei Stücke mit dem schmalen Band zu einer Schleife. Kräuseln Sie die Enden des schmalen Bandes.

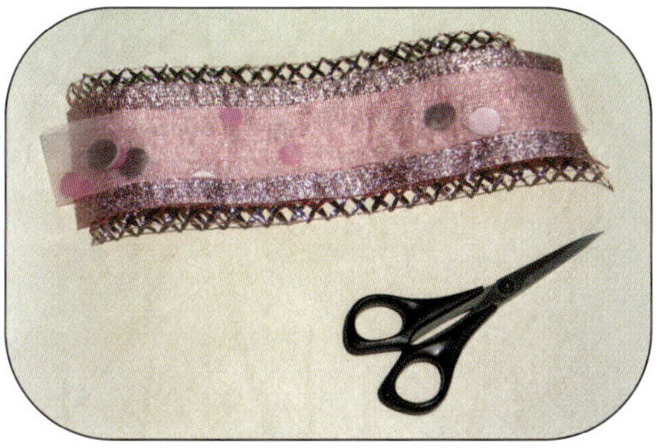

B.

Schneiden Sie je ein etwa gleich großes Stück des breiten und des sehr breiten Bandes ab. Legen Sie sie anschließend der Größe nach aufeinander.

D.

Ziehen Sie das breite Band einmal um die Schachtel. Verknoten Sie die Enden des Bandes mit der Schleife. Nutzen Sie hierzu das schmale Band. Ziehen Sie die Schleife hübsch zurecht.

Sechseckige Verpackung

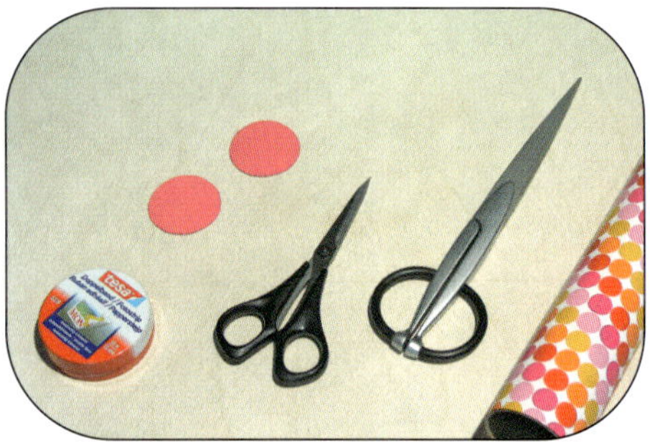

1.

Sie benötigen:
- eine Rolle Geschenkpapier
- Papierschere
- kleine Schere
- doppelseitiges Klebeband
- zwei Aufkleber

2.

Legen Sie die Schachtel auf das ausgerollte Papier. Schneiden Sie ein Stück ab, das mit einer kleinen Überlappung um das Geschenk passt und an den Seitenrändern etwas über die halbe Höhe der Schachtel hat.

3.

Schlagen Sie das Papier an der Längsseite leicht ein und befestigen Sie das doppelseitige Klebeband daran. Wickeln Sie die Schachtel so ein, dass die Naht auf einer Ecke sitzt.

4.

Drücken Sie das Papier an den Kanten entlang zur Mitte hin.

5.

Fixieren Sie die Klappen mit einem Aufkleber.

6.

Gehen Sie auf der anderen Seite gleichermaßen vor.

A.

Sie benötigen zur Dekoration:
- zwei verschiedenfarbige Rollen breites Band
- doppelseitiges Klebeband
- kleine Schere
- Hefter

B.

Halten Sie das Bandende zwischen Zeigefinger und Daumen fest. Legen Sie eine Schlaufe nach links und eine gleich große nach rechts.

Hier sollten Sie festes, aber kein zu dickes Papier verwenden: Da das Papier hier öfter übereinander liegt, würden dicke Wölbungen unschön aussehen. Formen Sie die Ecken scharf aus und falten Sie saubere Kanten. Wenn Sie nicht so geübt sind, testen Sie den Faltvorgang erst einmal mit einem alten Stück Zeitungspapier. Wenn Sie das Geschenk besonders individuell gestalten möchten, können Sie auf der Mitte der Schlaufe z. B. auch die Initialen des Beschenkten oder die Alterszahl bei einem Geburtstag aufkleben. Es gibt tolle Aufkleber oder Figuren aus Moosgummi.

C.

Legen Sie zwei weitere Schlaufenpaare darunter, wobei diese immer größer werden. Heften Sie die Schlaufen in der Mitte zusammen.

E.

Ziehen Sie das andersfarbige Band ebenfalls durch die Manschette und legen Sie es einmal um die Schachtel.

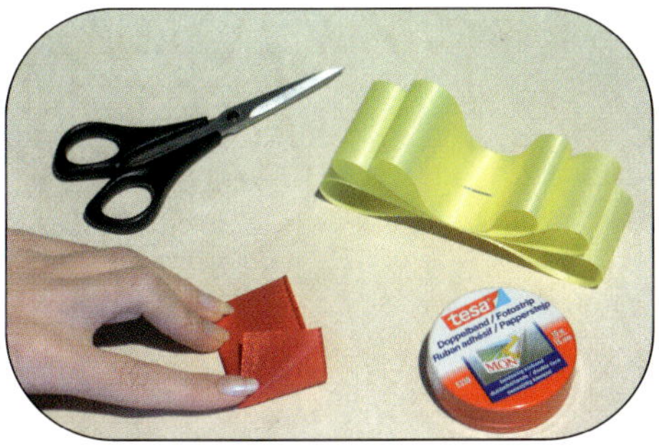

D.

Basteln Sie eine kleine Manschette für die fertige Schleife. Verkleben Sie diese auf der Rückseite mit doppelseitigem Klebeband.

F.

Heften Sie das Band zusammen und schieben Sie die Heftklammer unter die Schleife, damit man sie nicht sehen kann.

Achteckige Verpackung

1.

Sie benötigen:
- eine Rolle Geschenkpapier
- Papierschere
- kleine Schere
- doppelseitiges Klebeband
- zwei Aufkleber

2.

Stellen Sie die Schachtel auf das ausgerollte Papier. Schneiden Sie ein Stück ab, das mit einer kleinen Überlappung um das Geschenk passt und an den Seitenrändern etwas über die halbe Höhe der Schachtel hat.

3.

Schlagen Sie das Papier an der Längsseite leicht ein und befestigen Sie das doppelseitige Klebeband daran. Wickeln Sie die Schachtel so ein, dass die Naht auf einer Ecke sitzt.

4.

Drücken Sie das Papier an den Kanten entlang zur Mitte hin.

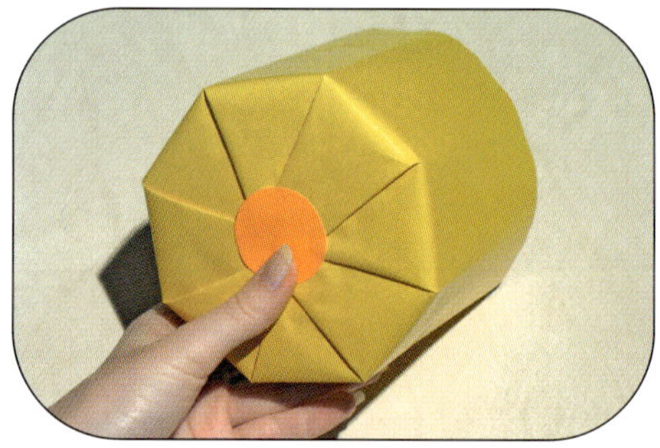

5.

Fixieren Sie die Klappen mit einem Aufkleber.

6.

Gehen Sie auf der anderen Seite gleichermaßen vor.

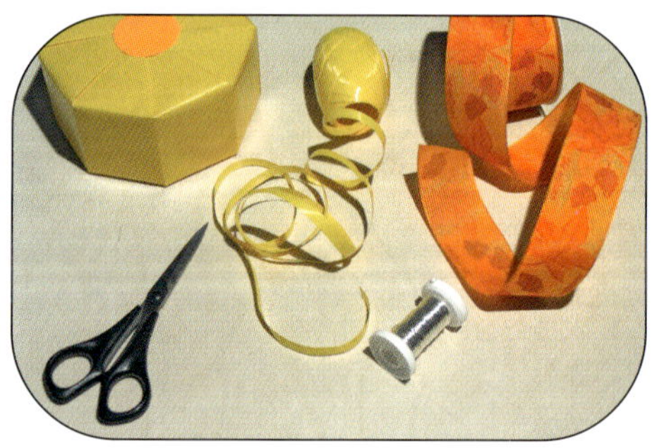

A.

Sie benötigen zur Dekoration:
- schmales Band
- breites Band
- dünnen Draht
- kleine Schere

B.

Legen Sie das schmale Band auf die Oberseite der Schachtel. Drehen Sie die Schachtel um und kreuzen Sie die Bandenden in der Mitte der Unterseite.

Je mehr Kanten und Ecken eine Verpackung hat, umso außergewöhnlicher und aufwändiger wirkt sie. Scheuen Sie sich nicht vor solchen Formen, sondern machen Sie sich die vielen Konturen als beste Ausgangslage für eine kreative Verpackung zunutze. Konturen kommen übrigens besonders gut bei einfarbigem Papier heraus. Unregelmäßig gemustertes Papier lenkt von ausgeprägten Formen eher ab. Um das extravagante Äußere einer solchen Schachtel noch mehr zu betonen, dekorieren Sie die Verpackung am besten mit einer üppigen Schleife, die auch gerne einmal die komplette Oberfläche der Verpackung bedecken kann.

C.

Drehen Sie die Schachtel wieder und führen Sie das Band auf zwei Seiten nach oben. Wiederholen Sie dies, bis alle acht Seiten mit dem Band umspannt sind. Verknoten Sie das Band in der Mitte und kräuseln Sie die Enden.

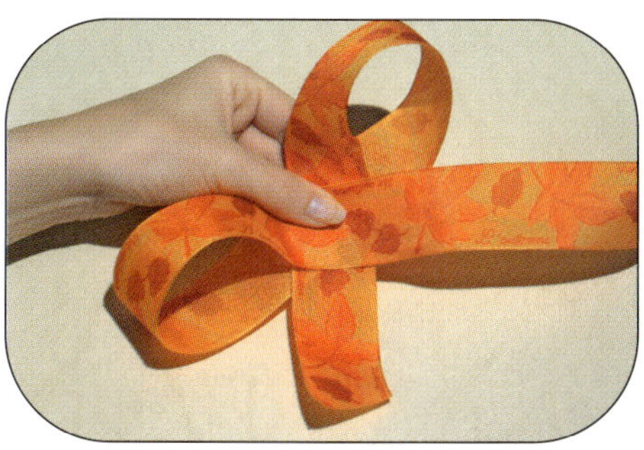

D.

Halten Sie mit der linken Hand das breite Band und legen Sie mit der rechten eine Schlinge. Legen Sie eine weitere Schlinge nach unten, sodass eine „8" entsteht.

E.

Legen Sie drei „8"-en übereinander. Ziehen Sie den Draht über die Mitte und binden Sie damit die Schleife gut fest. Ziehen Sie die Schleife zu einer üppigen Form zurecht.

F.

Binden Sie die fertige Schleife mit dem schmalen Band auf dem Paket fest.

Hohe Zylinderverpackung

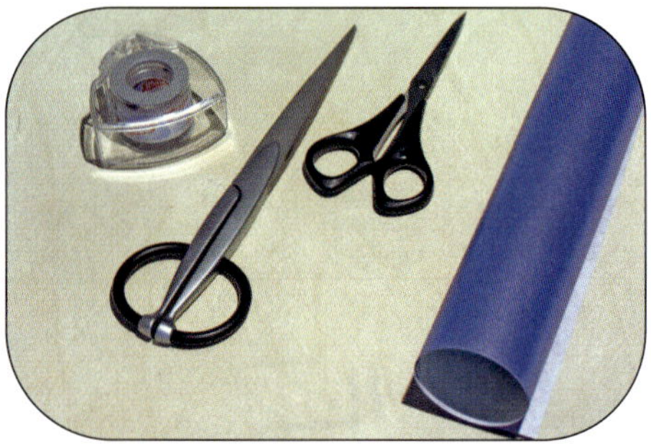

1.

Sie benötigen:
- eine Rolle Geschenkpapier
- Papierschere
- kleine Schere
- Klebeband

2.

Legen Sie den Zylinder auf das ausgerollte Papier. Schneiden Sie ein Stück ab, das mit einer kleinen Überlappung um das Geschenk passt und an den Seitenrändern etwas mehr als die Höhe des Zylinders hat.

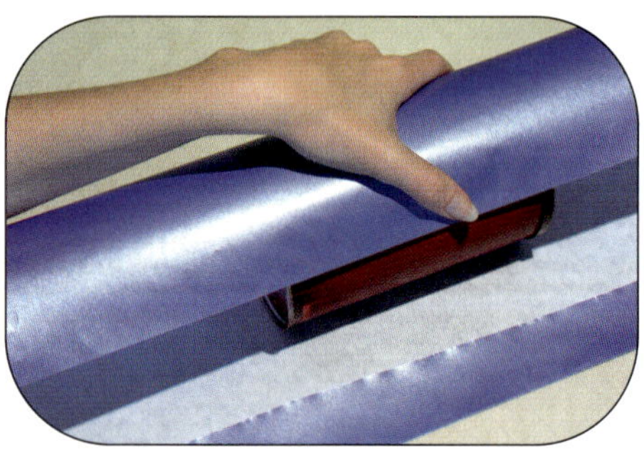

3.

Schlagen Sie das Papier an der Längsseite leicht ein und rollen Sie den Zylinder zu ⅔ in das Papier ein.

4.

Halten Sie mit der linken Hand den Zylinder fest und legen Sie mit der rechten vier bis fünf Falten über den Zylinderboden. Die Falten treffen sich alle an einem Punkt am Bodenrand.

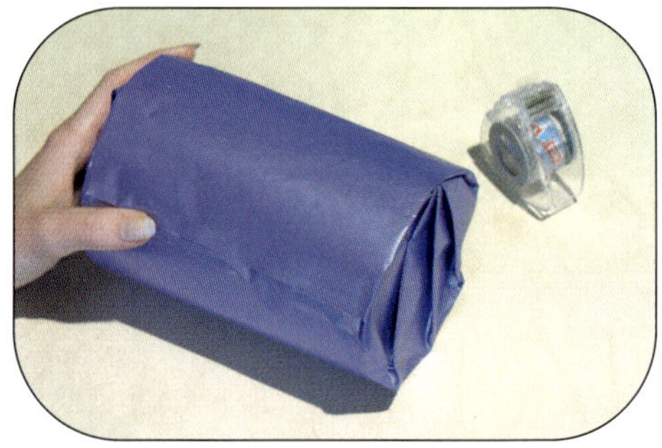

5.

Gehen Sie auf der anderen Zylinderseite gleichermaßen vor und falten Sie das überstehende Papier nach innen. Rollen Sie den Zylinder fertig ein und kleben Sie das Papier mit Klebeband zu.

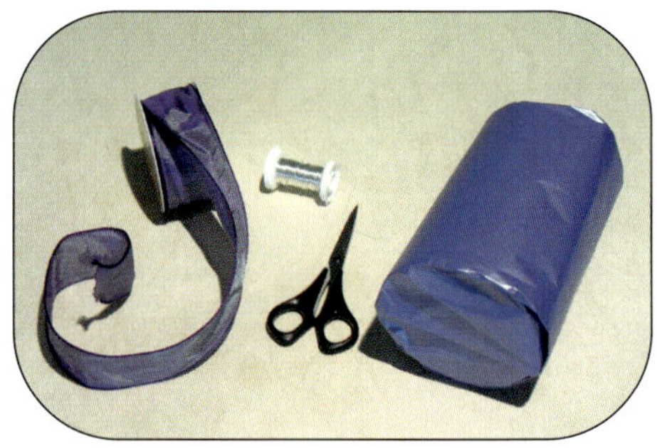

A.

Sie benötigen zur Dekoration:
- breites Band
- dünnen Draht
- kleine Schere

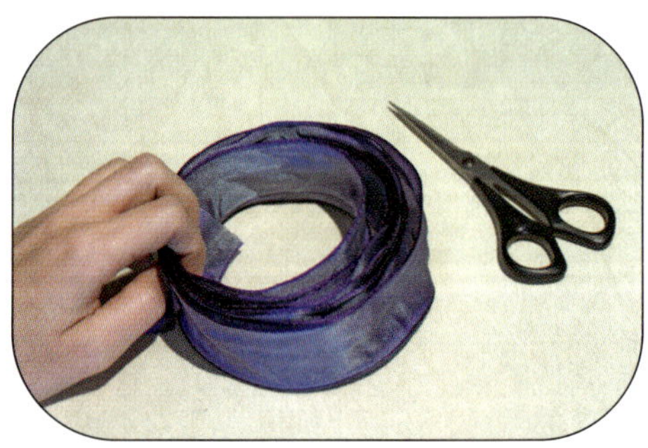

B.

Legen Sie das Band zu einer Schlinge, die den Umfang der fertigen Schleife hat. Legen Sie anschließend acht weitere Schlingen um die erste.

C.

Drücken Sie die Schlingen zusammen und schneiden Sie an allen vier Ecken die Spitzen schräg ab. Achtung: Das Band muss in der Mitte noch zusammenhängen.

Durch viele gleichmäßige Falten auf Boden und Deckel des Zylinders kann seine runde Form bewahrt werden. Dies erfordert ein wenig Übung, ist jedoch „kinderleicht", wenn Sie erst einmal den Dreh raus haben. Sie können übrigens auch ovale Formen auf die gleiche Art und Weise verpacken. Nur werden die Falten dann ungleichmäßig groß. Eine Pompon-Schleife verleiht einem Geschenk immer einen sehr hochwertigen Charakter. Wenn Sie die Farbe der Schleife zudem entsprechend der Papierfarbe wählen, wird dieser Eindruck noch verstärkt.

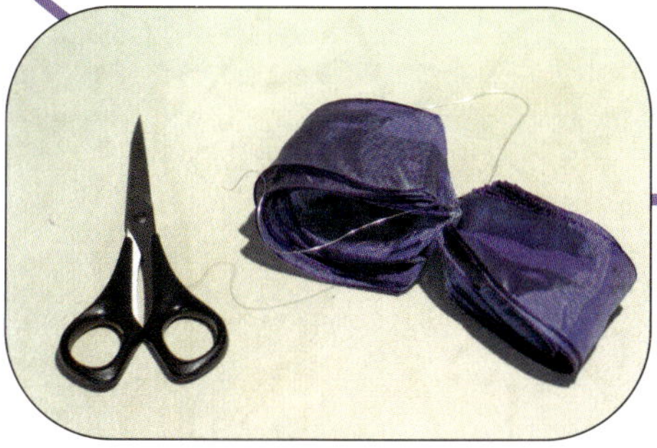

D.

Legen Sie die eingeschnittenen Ecken aufeinander und fixieren Sie sie mit Draht. Schneiden Sie den überstehenden Draht ab.

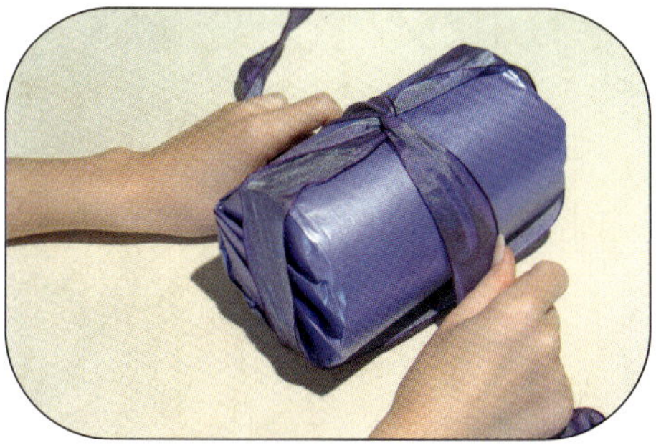

E.

Legen Sie das Band der Länge nach auf die Oberseite des Zylinders. Drehen Sie den Zylinder um und kreuzen Sie die Bandenden.

F.

Drehen Sie den Zylinder wieder und führen Sie das Band auf beiden Seiten nach oben. Ziehen Sie das Bandende einmal unter dem Mittelkreuz durch und binden Sie einen festen Knoten.

G.

Binden Sie die Schleife fest und zupfen Sie die Schlaufen gleichmäßig auf.

Der flache Zylinder

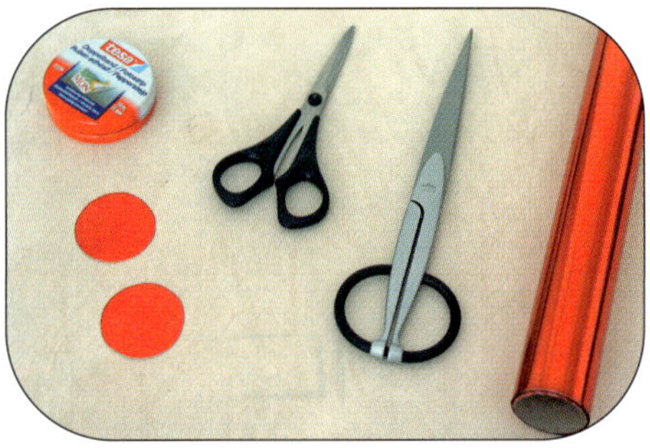

1.

Sie benötigen:
- eine Rolle Geschenkpapier (am besten Metallicfolie)
- Papierschere
- kleine Schere
- doppelseitiges Klebeband
- zwei Aufkleber

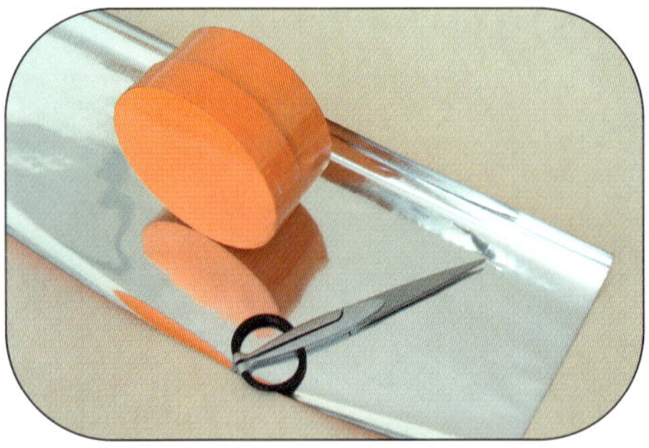

2.

Stellen Sie die Schachtel auf das ausgerollte Papier. Schneiden Sie ein Stück ab, das mit einer kleinen Überlappung um das Geschenk passt und an den Seitenrändern etwas über die halbe Höhe der Schachtel hat.

3.

Schlagen Sie das Papier an der Längsseite leicht ein und befestigen Sie das doppelseitige Klebeband daran. Rollen Sie die Schachtel ein und kleben Sie das Papier zusammen.

4.

Halten Sie mit der linken Hand den Zylinder vorsichtig fest und legen Sie mit der rechten kleine gleichmäßige Falten zur Mitte hin.

5.

Stecken Sie die letzte Ecke unter die erste und fixieren Sie die Klappen mit einem Aufkleber.

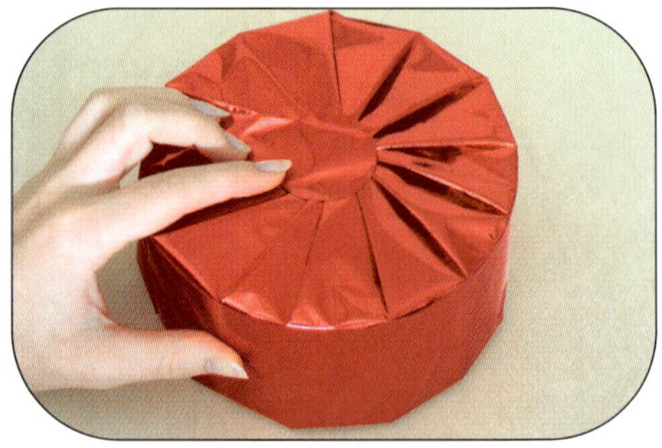

6.

Gehen Sie auf der anderen Seite gleichermaßen vor.

A.

Sie benötigen zur Dekoration:
- schmales Band
- breites Band
- dünnen Draht
- kleine Schere

B.

Legen Sie das schmale Band auf die Rundung des Zylinders. Kreuzen Sie es an einer Stelle und ziehen Sie es über die Seitenteile auf den gegenüberliegenden Punkt. Verknoten Sie das Band fest.

Zum Verpacken von runden Formen eignet sich Metallicfolie besonders gut. Sie lässt sich einfach falten und verzeiht auch mal einen kleinen Fehler, ohne dass man gleich mit einem Knick an der falschen Stelle bestraft wird. Außerdem hält die Farbe auf der Folie gut, sie ist griffunempfindlich und so gut wie komplett reißfest.
Metallicfolie hat einen schönen Glanz und wirkt besonders im Licht hochwertig und stimmungsvoll.
Leider belastet dieses Material die Umwelt stärker als Papier, deshalb sollten Sie es nach der ersten Benutzung nicht wegwerfen, sondern mehrmals verwenden. Schließlich gibt es keinen befriedigenden Ersatz für dieses strapazierfähige Material.

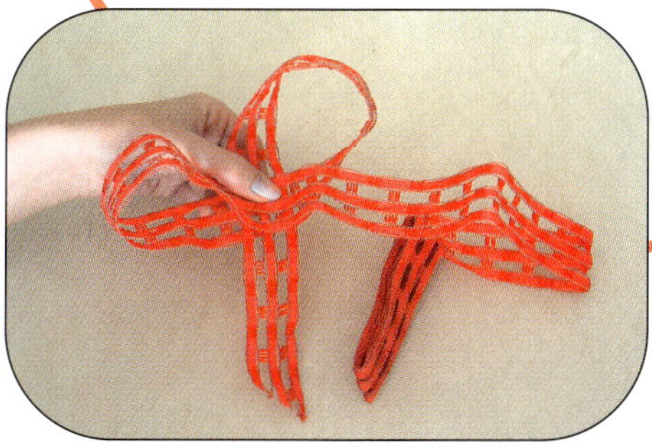

C.

Halten Sie mit der linken Hand das breite Band und legen Sie mit der rechten eine Schlinge nach oben. Legen Sie eine weitere Schlinge nach unten, sodass eine „8" entsteht.

E.

Legen Sie drei weitere „8"-en mit dem schmalen Band übereinander. Ziehen Sie den Draht über die Mitte und binden Sie damit die Schleife gut fest.

D.

Legen Sie drei „8"-en übereinander.

F.

Binden Sie die fertige Schleife auf dem Paket mit dem schmalen Band fest und zupfen Sie sie zu einer luftigen Form. Kräuseln Sie das überstehende schmale Band.

Runde Verpackung

1.

Sie benötigen:
- ein Stück Stoff
- eine Styroporkugel
- kleine Schere
- schmales Band

2.

Öffnen Sie die Styroporkugel, legen Sie das Geschenk hinein und schließen Sie die Kugel wieder.

3.

Wenn Sie sehr transparenten Stoff verwenden, legen Sie ihn doppelt, ansonsten einfach. Schneiden Sie den Stoff zu einer großen, quadratischen Form.

4.

Falten Sie den Stoff zweimal zur Hälfte, sodass ein kleines Quadrat entsteht.

5.

Falten Sie den Stoff wieder auf und legen Sie die Kugel in die Mitte.

6.

Nehmen Sie eine Stoffecke hoch und halten Sie sie über der Kugel fest.

7.

Halten Sie die Kugel mit einer Hand in der Mitte fest und legen Sie mit der anderen Hand Falten. Diese führen Sie alle zu einem Punkt über der Kugel.

8.

Falten Sie den kompletten Stoff um die Kugel zu kleinen Falten. Binden Sie anschließend den Stoff an der Stelle, an der Sie ihn zusammenhalten, zu.

Eine Styroporkugel ist eine originelle Art, dem Beschenkten Rätsel aufzugeben: Er kann den Inhalt der Kugel nicht erahnen und wundert sich zunächst sicher über die sonderbare Form. Aber auch Spielbälle lassen sich auf diese Art und Weise herrlich verpacken.
Die schöne Wirkung von Stoff können Sie durch Blumen unterstreichen. Ob die Blumen aus Kunststoff, Seide oder echt sind, ist dabei nicht so wichtig. Sie sollten nur farblich auf den Stoff abgestimmt sein.

A.

Sie benötigen zur Dekoration:
- zwei Blumen mit großer Blüte
- schmales Band
- Stoffreste
- Deko-Sisal
- kleine Schere

B.

Binden Sie die Blumenstängel auf gegenüberliegenden Seiten mit dem schmalen Band an der Verpackung fest. Kräuseln Sie das überstehende Band mit der Schere.

C.

Schneiden Sie die Stoffreste in einige gleich große Stücke und legen Sie sie übereinander. Legen Sie etwas Deko-Sisal darauf und binden Sie alles in der Mitte mit dem schmalen Band fest.

D.

Binden Sie die Schleife mit dem schmalen Band fest. Kräuseln Sie das überstehende Band und zupfen Sie den Stoff nochmals zurecht, damit er schön luftig aussieht.

Bonbonverpackung

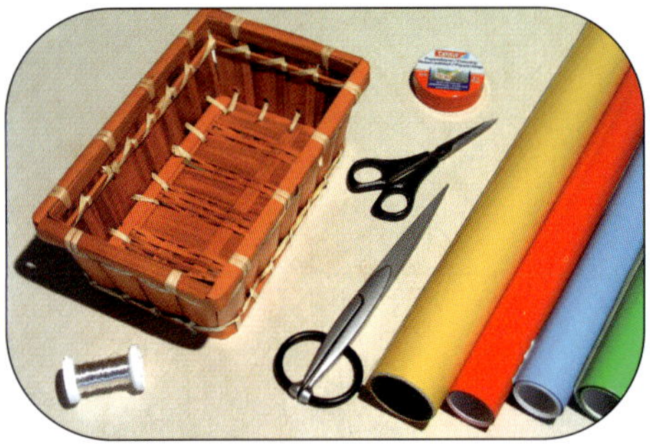

1.

Sie benötigen:
- ein Körbchen
- verschiedene Rollen Geschenkpapier
- Papierschere
- kleine Schere
- doppelseitiges Klebeband
- dünnen Draht

2.

Legen Sie den Ball auf das ausgerollte Papier. Schneiden Sie ein Stück ab, das mit einer kleinen Überlappung um den Ball passt und an den Seitenrändern etwa die dreifache Breite des Balles hat.

3.

Legen Sie den Ball auf die Mitte des Papiers und falten Sie das Papier an den Seiten bis zum Ball.

4.

Schlagen Sie das Papier an der Längsseite leicht ein und befestigen Sie das doppelseitige Klebeband daran. Kleben Sie den Ball zu.

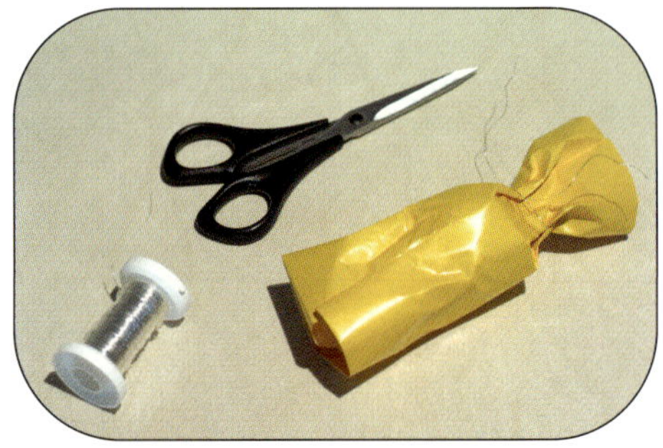

5.

Drücken Sie eine Seite des überstehenden Papiers wie bei einem Bonbon vorsichtig zusammen und wickeln Sie es an der Stelle, wo Sie es halten, mit dem Draht zusammen. Gehen Sie gleichermaßen auf der anderen Seite vor.

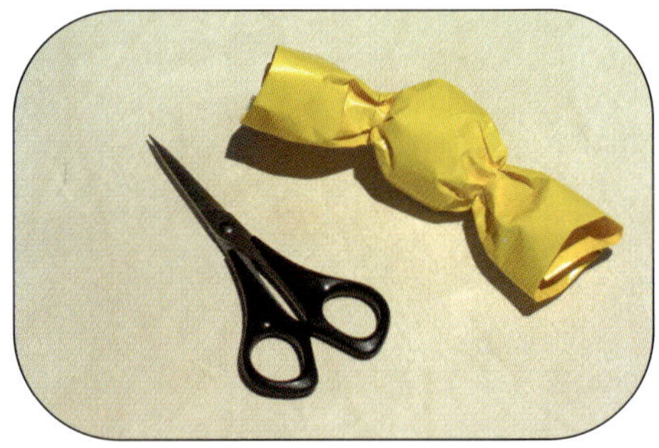

6.

Schneiden Sie den überstehenden Draht ab.

7.

Packen Sie alle Bälle nach dem gleichen Schema mit verschiedenen Papiersorten ein.

8.

Legen Sie die fertigen „Bonbons" in das Körbchen. Achten Sie dabei auf Farbkombinationen und das Gesamtbild. Das Arrangement macht hier viel aus!

Runde Geschenke zu verpacken ist oftmals etwas kniffelig. Wenn Sie einmal viele kleine Pralinen, Bälle oder Kugeln zu verpacken haben, so bietet sich hier die Gelegenheit, das evtl. etwas monotone Geschenk sehr kreativ und vielseitig zu gestalten.
Wählen Sie viele verschiedene Farben für die „Bonbons", wenn das Geschenk bunt und fröhlich sein soll. Ist der Inhalt der „Bonbons" etwas wertvoller, so sollten Sie dies auch mit dem Aussehen der Verpackung vermitteln. Dies gelingt z. B. durch einfarbige Metallicfolie und ein darauf abgestimmtes Körbchen.

B.

Legen Sie sich zunächst die Zahlen und Buchstaben zurecht, die Sie verwenden möchten. Bei einem Geburtstag z. B. wären der Name des Beschenkten und das Alter möglich.

A.

Sie benötigen zur Dekoration:
- Zahlen und Buchstaben aus Moosgummi
- doppelseitiges Klebeband
- kleine Schere

C.

Kleben Sie die Moosgummi-Figuren vorsichtig mit doppelseitigem Klebeband auf die „Bonbons". Die Wort- und Zahlenkombination muss nicht gleich erkannt werden. Das kann auch ein nettes Suchspiel sein.

Flasche im Faltenkleid

1.

Sie benötigen:
- eine Rolle Metallicgeschenkpapier
- kleine Schere
- schmales Band

2.

Rollen Sie das Metallicgeschenkpapier auf und schneiden Sie es zu einer quadratischen Form. Stellen Sie die Flasche in die Mitte des Papiers.

3.

Nehmen Sie mit der linken Hand eine Papierecke über den Flaschenkopf und legen Sie mit der rechten Hand Falten rund um die Flasche.

4.

Wenn alle Falten gleichmäßig liegen, halten Sie den Hals der Flasche mit der Linken gut fest und drehen mit Ihrer rechten Hand am Boden in Richtung der Falten.

5.

Binden Sie das Papier an der Stelle, an der Sie es zusammenhalten, zu.

A.

Sie benötigen zur Dekoration:
- eine Rolle Klarsichtfolie (evtl. mit Aufdruck)
- schmales Band
- Zierkordel
- kleine Schere

B.

Schneiden Sie einen schmalen Streifen der Klarsichtfolie von der Rolle ab.

C.

Falten Sie den Streifen zwei Mal der Länge nach zu einem Drittel der Ursprungsgröße. Knicken Sie die Folie wie eine Ziehharmonika und binden Sie sie in der Mitte mit dem Band zu einer Schleife zusammen.

Grundsätzlich ist eine Verpackung, bei der man sofort den kompletten Inhalt sieht, nicht sehr spannend und der Überraschungseffekt – den wir alle so sehr mögen – ist gleich null.
Dies wird jedoch leider besonders häufig bei alkoholischen Getränken praktiziert. Damit wirkt das Geschenk meist etwas einfallslos und wie ein „Mitbringsel frisch aus dem Supermarkt".
Der Beschenkte fühlt sich dann oft bedrängt und meint, das Getränk gleich in der Runde aufteilen zu müssen.
Wenn Sie dem entgegenwirken wollen, so lassen Sie doch durch die Verpackung mit undurchsichtigem Papier die Form der Flasche ganz klar erscheinen, ohne dass der Beschenkte gleich das Label und damit den konkreten Inhalt sieht.

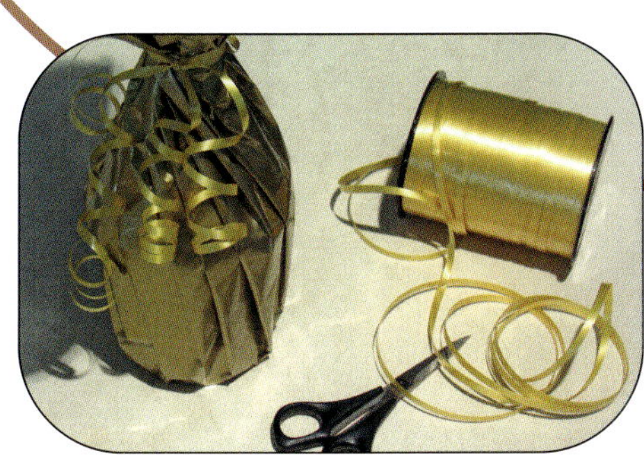

D.

Binden Sie einige schmale Bänder um den Flaschenhals und kräuseln Sie das überstehende Band.

E.

Binden Sie die Zierkordel um den Flaschenhals. Verknoten Sie die Enden der Kordel, damit sie nicht ausfransen.

F.

Binden Sie die Schleife am Flaschenhals mit schmalem Band fest und ziehen Sie sie schön breit auseinander.

Flasche mit Manschette

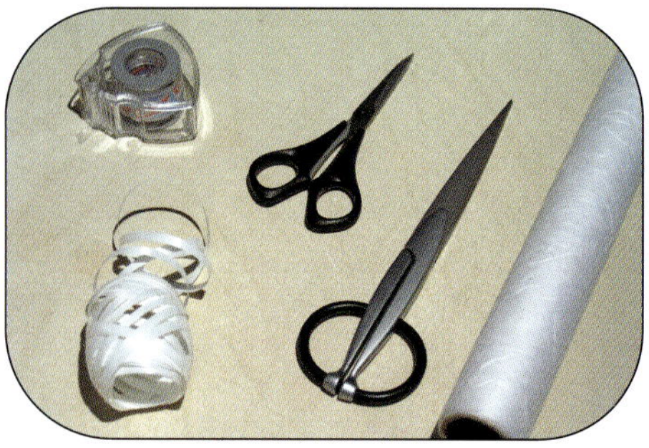

1.

Sie benötigen:
- eine Rolle Strohseide
- Papierschere
- kleine Schere
- schmales Band
- Klebeband

2.

Legen Sie die Flasche auf das Seidenpapier und schneiden Sie ein Stück ab, das mit einer kleinen Überlappung um die Flasche passt. An den Seitenrändern bedeckt die Seide den Boden und ragt etwas über die Flasche hinaus.

3.

Rollen Sie die Flasche zu ⅔ in die Seide ein.

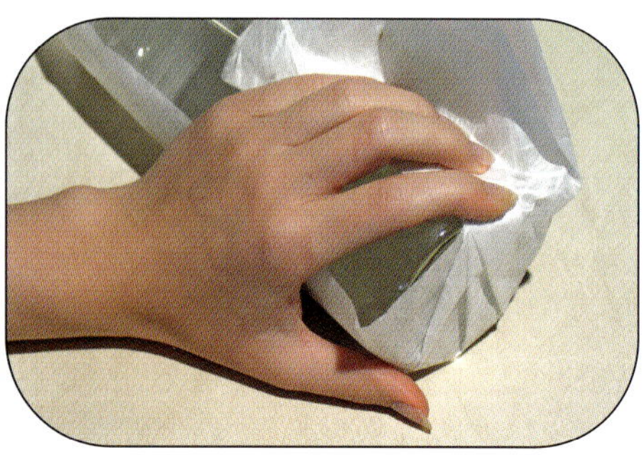

4.

Halten Sie mit der linken Hand die Flasche fest und legen Sie mit der rechten Hand vier bis fünf Falten über den Flaschenboden. Die Falten treffen sich alle an einem Punkt am Bodenrand.

5.

Falten Sie die überstehende Seide nach innen, rollen Sie die Flasche fertig ein und halten Sie die Seide mit Klebeband zusammen. Binden Sie die Strohseide knapp über dem Flaschenhals zu.

A.

Sie benötigen zur Dekoration:
- eine Rolle Seidenpapier
- schmales Band
- kleine Schere
- Naturbast

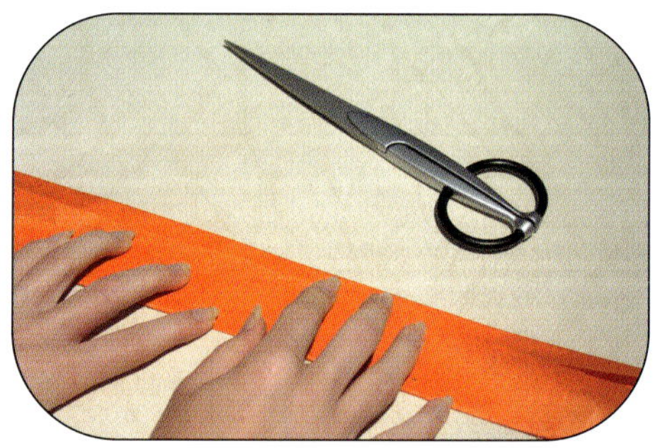

B.

Schneiden Sie einen Streifen Seidenpapier ab und falten Sie die unsauberen Kanten nach innen.

C.

Legen Sie das Band wie eine Manschette um die Flasche und binden Sie das Seidenpapier vorsichtig fest.

Neben Metallicfolie ist auch Strohseide ein sehr dankbares Verpackungsmaterial. Sie lässt sich äußerst gut falten, ist sehr reißfest und damit besonders für das Verpacken von runden Gegenständen geeignet.
Strohseide gibt einem Geschenk ein sehr natürliches Aussehen. Dies unterstützen Sie am besten durch eine Schleife aus Naturbast. Sie rundet das ganze ab und wirkt nicht wie ein Störfaktor. Ein Band aus Metallfasern z. B. wäre hier fehl am Platz.
Beachten Sie, dass helle Strohseide immer etwas durchsichtig ist. Deshalb sollten Sie sie beim Verpacken doppelt legen, wenn Sie nicht möchten, dass man den Inhalt gleich erkennen kann.

D.

Nehmen Sie etwas Naturbast, umwickeln Sie ihn in der Mitte mit etwas Band und binden Sie die entstandene Schleife um den Flaschenhals.

E.

Binden Sie noch etwas schmales Band um den Flaschenhals und kräuseln Sie es.

Schmuckschatulle in Fächerverpackung

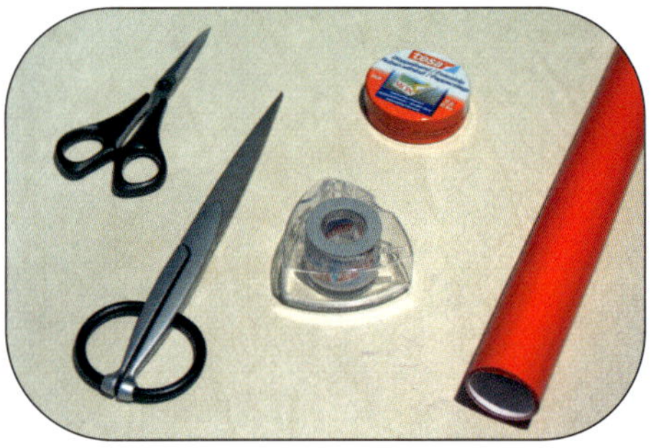

1.

Sie benötigen:
- eine Rolle Geschenkpapier
- Papierschere
- kleine Schere
- doppelseitiges Klebeband
- Klebeband

2.

Legen Sie die Schatulle auf das Papier und schneiden Sie ein Stück ab, das die Schachtel mit einer kleinen Überlappung umschließt, an einem Seitenrand die Höhe der Schachtel hat und am anderen Ende weit übersteht.

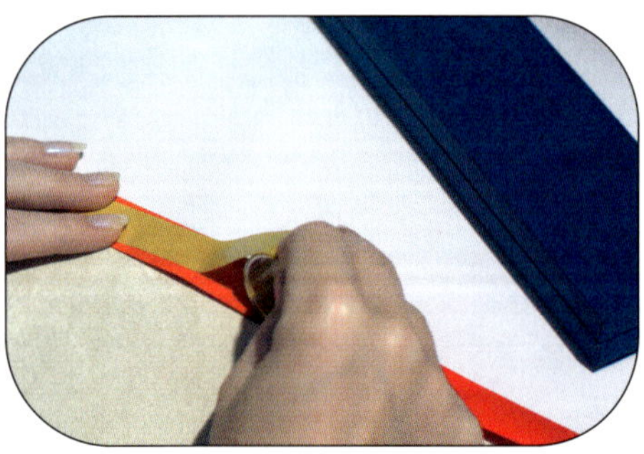

3.

Schlagen Sie das Papier leicht ein und befestigen Sie das doppelseitige Klebeband daran.

4.

Kleben Sie das Papier hinten zu.

5.

Knicken Sie das Papier an der kürzeren Seite entlang der Schachtel ein. Schlagen Sie die obere Klappe nach unten und falten Sie die untere Klappe nach oben.

6.

Knicken Sie die untere Klappe so ein, dass die Naht auf der Mitte sitzt. Bringen Sie das doppelseitige Klebeband an und kleben Sie die Klappe sorgfältig fest.

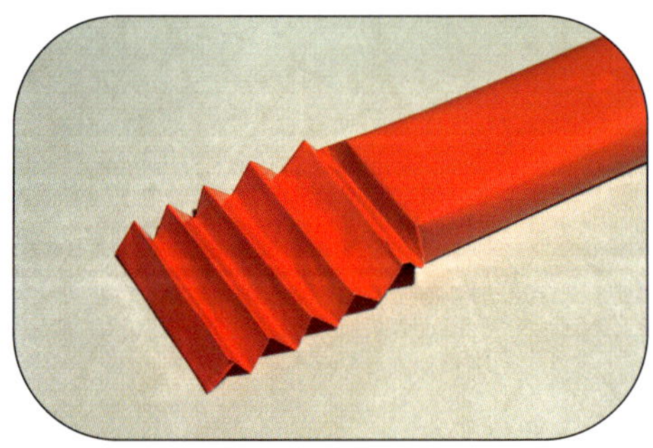

7.

Falten Sie die andere Seite wie eine Ziehharmonika von außen bis zum Geschenk hin.

8.

Kleben Sie die Ziehharmonika an einem Seitenrand des Geschenkes mit Klebeband fest und ziehen Sie sie wie einen Fächer breit auseinander.

Schmuckschatullen sind meist klein und sollten deshalb mit äußerster Liebe zum Detail verpackt werden. Da auf den kleinen Schachteln nicht viel Raum für eine Schleife bleibt, vergrößern Sie das Geschenk am besten optisch. Wie hier z. B. mit einem Fächer. Zwar können Sie auf dem Geschenk noch mit Bändern arbeiten, doch sollten Sie darauf achten, dass diese das Paket nicht „erschlagen“ und zu dominant werden. Das kann schnell protzig wirken. Schlichte Eleganz erreichen Sie durch einfarbiges Papier und ein gut darauf abgestimmtes Band. Metallicbänder spiegeln hier den Glanz von Schmuck wider.

A.

Sie benötigen zur Dekoration:
- breites Band
- kleine Schere
- doppelseitiges Klebeband

B.

Schneiden Sie das Band auf den Umfang der Schachtel zu und bringen Sie an den Enden doppelseitiges Klebeband an.

C.

Legen Sie das Band um die Schachtel und kleben Sie es auf der Rückseite fest.

Tüte für ein Kleidungsstück

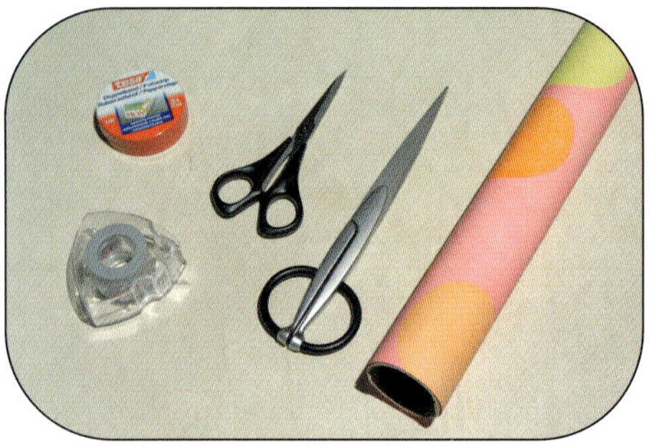

1.

Sie benötigen:
- eine Rolle Geschenkpapier
- Papierschere
- kleine Schere
- doppelseitiges Klebeband
- Klebeband

2.

Legen Sie das Kleidungsstück auf das Papier und schneiden Sie ein so großes Stück ab, dass das Geschenk an allen Seiten mit einer großen Überlappung umschlossen wird.

3.

Falten Sie das Papier leicht zur Hälfte.

4.

Klappen Sie es wieder auf und falten Sie die untere Hälfte auf den Mittelfalz.

5.

Legen Sie die obere Hälfte leicht überlappend über den Mittelfalz und kleben Sie sie mit doppelseitigem Klebeband übereinander.

6.

Klappen Sie die untere Seite in der Breite, wie Sie den Boden der Tüte wünschen, nach oben.

7.

Klappen Sie die Seiten des Bodens nach innen und falten Sie die obere Kante nach unten zur Mitte. Machen Sie das Gleiche mit der unteren Klappe und befestigen Sie beide mit doppelseitigem Klebeband.

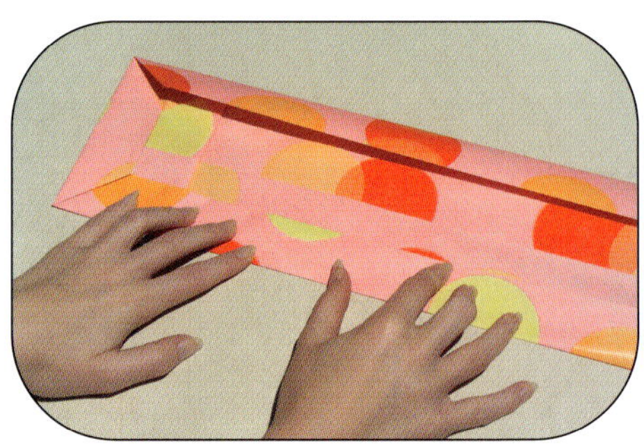

8.

Falten Sie die beiden Seiten in Richtung Mittellinie.

Kleidung zu verpacken ist oft nicht leicht, da sie keine festen Kanten hat und sich, je nach Druck, hin und her schiebt.
Eine Tüte ist dann in einem solchen Fall ein echter „Alleskönner". Ob Hemdchen oder Skianzug, die Tüte lässt sich in jeder erdenklichen Größe basteln. Doch achten Sie darauf: Je größer und schwerer der zu verpackende Gegenstand ist, desto fester sollte das Papier sein.
Der Tragegriff aus Band ist nicht nur schmückend, sondern auch praktisch: Wenn Sie leichte Kleidungsstücke transportieren, können Sie die Tüte am Griff nehmen. Wenn die Tüte schwerer ist, sollten Sie sie besser am Boden nehmen.

9.

Klappen Sie die Seiten wieder auf. Halten Sie die Tüte mit einer Hand am oberen Rand fest und formen Sie sie mit der anderen Hand vorsichtig aus. Legen Sie das Kleidungsstück in die entstandene Tüte.

B.

Schneiden Sie ein langes Stück Band von der Rolle ab. Legen Sie die beiden Enden übereinander und binden Sie einen schönen Knoten.

A.

Sie benötigen zur Dekoration:
- breites Band
- kleine Schere
- doppelseitiges Klebeband

C.

Falten Sie die Tüte am oberen Ende in der Breite des Bandes zwei Mal. Legen Sie das Band zwischen die Falten und kleben Sie den Verschluss mit doppelseitigem Klebeband an der Tüte fest.

Tasche für Krawatte

1.

Sie benötigen: • Bastelkarton
• eine Rolle leicht transparentes Geschenkpapier
• Papierschere • Falzbein • Geodreieck • Bleistift
• doppelseitiges Klebeband • Cutter

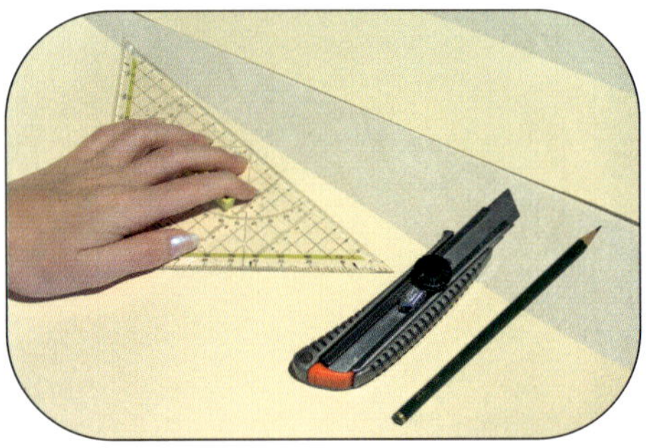

2.

Legen Sie den Bastelkarton auf eine schneidefeste Unterlage und zeichnen Sie mit dem Bleistift ein Stück in der Größe 40 x 55 cm an. Legen Sie das Geodreieck an die Bleistiftlinie und schneiden Sie das Stück mit dem Cutter aus.

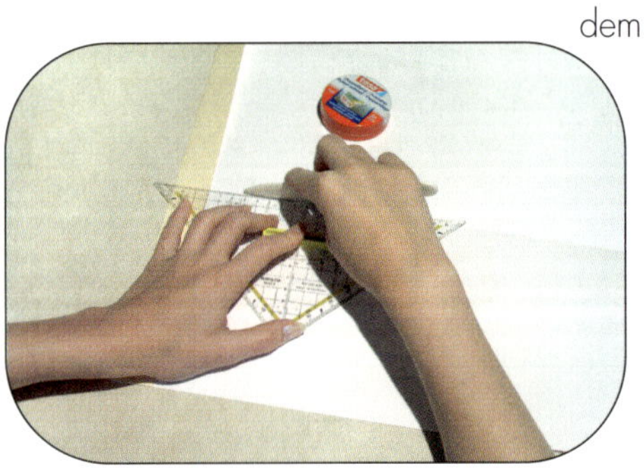

3.

Knicken Sie die Längsseiten ca. 3 cm nach innen. Dies können Sie sich dadurch erleichtern, dass Sie dort zuvor einige Male mit dem Falzbein entlangfahren.

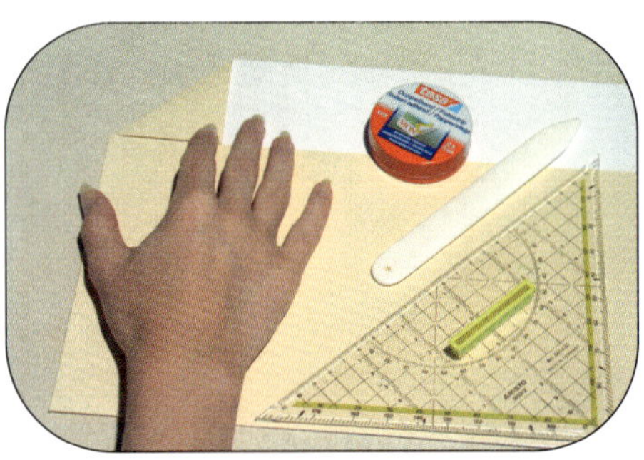

4.

Falten Sie das untere Teil ca. 17 cm nach oben und befestigen Sie es mit doppelseitigem Klebeband. Knicken Sie die Ecken des oberen Papierteils an den Seiten schräg ein.

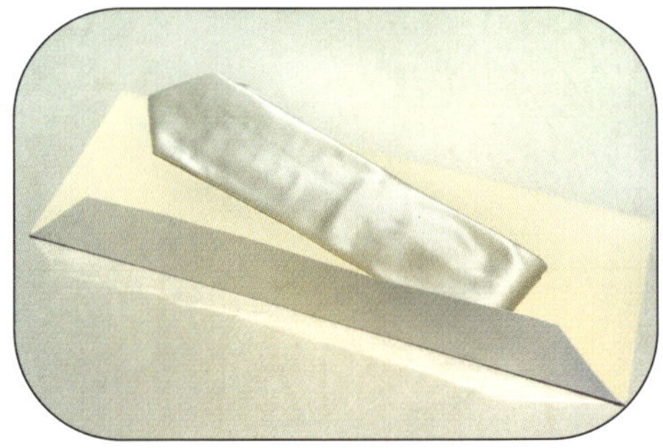

5.

Schieben Sie die Krawatte in den Umschlag.

6.

Schneiden Sie einen schmalen Streifen des Geschenkpapiers ab. Knicken Sie diesen um den Umschlag und kleben Sie ihn auf der Rückseite wie eine Manschette zu.

A.

Sie benötigen zur Dekoration:
• breites Band
• schmales Band
• kleine Schere

B.

Legen Sie das breite Band um die Manschette und binden Sie auf der Vorderseite des Umschlags eine große Schleife.

Beim Verpacken von Krawatten sollte man besondere Sorgfalt walten lassen, da sie nicht zu stark gefaltet werden dürfen und zudem meist sehr schmutzempfindlich sind. Um hier allen Eventualitäten vorzubeugen, basteln Sie am besten einen festen Umschlag für die Krawatte: Das gute Stück ist darin sicher verpackt und kann nicht zerknittern. Durch die üppige Manschette um den Umschlag wirkt das Geschenk edel und sehr individuell.

C.

Knoten Sie schmales Band um die Mitte der Schleife.

D.

Kräuseln Sie das schmale Band an den überstehenden Enden.

Blumenstrauß in Folie

1.

Sie benötigen:
- Strohseide
- Klarsichtfolie
- ein Stück Küchenkrepp
- Alufolie
- kleine Schere
- schmales Band

2.

Wickeln Sie um die angeschnittenen Blumenstängel ein angefeuchtetes Stück Küchenkrepp. Damit die Feuchtigkeit möglichst lange hält, wickeln Sie um den Küchenkrepp ein Stück Alufolie.

3.

Legen Sie den Strauß diagonal auf die Klarsichtfolie. Schneiden Sie die Folie ab und legen Sie die Ecken um den Strauß.

4.

Halten Sie den Strauß an der Stelle, an der er zusammengebunden ist, gut fest und legen Sie etwas versetzt die Strohseide um den Strauß.

5.

Legen Sie wiederum versetzt ein weiteres Stück Klarsichtfolie um den Strauß.

6.

Binden Sie das Papier und die Folie mit dem Strauß an der Stelle, an der Sie ihn halten, mit etwas Band zusammen.

A.

Sie benötigen zur Dekoration:
- schmales Band
- breites Band
- kleine Schere

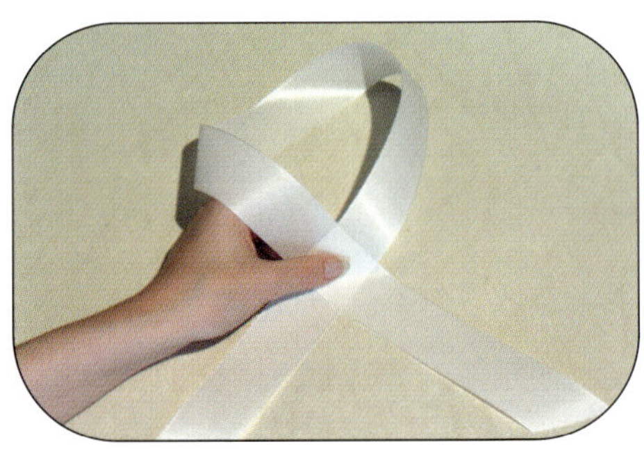

B.

Halten Sie das Band mit der linken Hand fest und legen Sie mit der rechten Hand eine Schlinge.

Blumen werden nur dann in eingepacktem Zustand überreicht, wenn es sich dabei nicht um einfaches Seidenpapier aus dem Blumenladen handelt. In Folie eingeschlagene Sträuße können direkt überreicht werden, wobei diese Art der Verpackung nicht nur schön und hochwertig ist, sondern auch sehr praktisch. Sie kaschiert nämlich die Alufolie an den Stielenden und schützt den Strauß auch noch, nachdem er überreicht wurde, eine Zeit lang vor äußeren Einflüssen. Ein solcher Strauß nimmt es einem nicht übel, wenn er nicht sofort aus der Hand in die Vase kommt. Legen Sie das Seidenpapier immer zwischen die Folie. Somit kann das Papier nicht verschmutzen und die Verpackung erhält einen schönen Glanz.

C.

Fassen Sie an dem Punkt, an dem sich das Band überkreuzt, die Schleife zusammen. Binden Sie das schmale Band um die Mitte der Schleife und binden Sie sie zusammen.

D.

Binden Sie die Schleife an dem Strauß fest und kräuseln Sie das überstehende schmale Band.

Blumenstrauß auf Karton

1.

Sie benötigen: • dünnen Bastelkarton • Papierschere • Klarsichtfolie • kleine Schere • doppelseitiges Klebeband • schmales Band • ein Stück Küchenkrepp • Alufolie

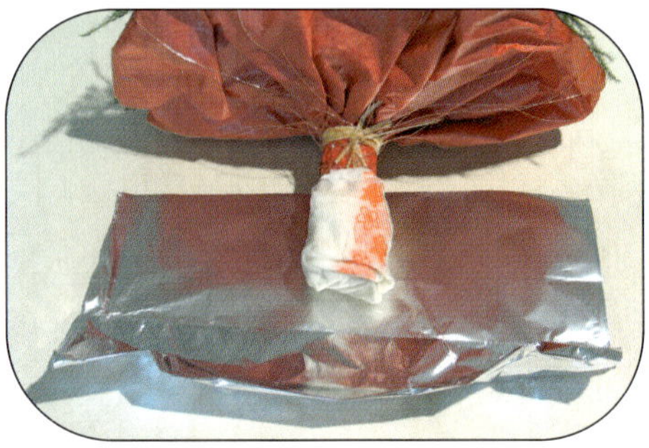

2.

Wickeln Sie um die angeschnittenen Blumenstängel ein angefeuchtetes Stück Küchenkrepp. Damit die Feuchtigkeit möglichst lange hält, wickeln Sie um den Küchenkrepp ein Stück Alufolie.

3.

Schneiden Sie ein Quadrat aus dem Karton. Die Seiten des Quadrates müssen etwas länger sein, als der Blumenstrauß hoch ist. Drücken Sie die Folie dekorativ zusammen und legen Sie sie diagonal auf den Karton.

4.

Legen Sie den Strauß auf die zusammengedrückte Folie, ebenfalls diagonal zum Karton.

5.

Legen Sie ein weiteres Stück Klarsichtfolie über den Strauß und befestigen Sie sie an den Kartonseiten mit dem Klebeband. Schieben Sie die Folie oben unter die zusammengedrückte Folie.

6.

Klappen Sie die Seitenteile und den unteren Teil des Kartons eng am Blumenstrauß entlang nach vorne.

7.

Stechen Sie mit der Schere kleine Löcher in die Seitenflügel des Kartons. Ziehen Sie das schmale Band vorsichtig durch und verknoten Sie es in der Mitte. So wird die Verpackung zusammengehalten.

8.

Falten Sie die überstehende obere Spitze über dem Strauß nach unten und kleben Sie das entstandene Dreieck mit doppelseitigem Klebeband fest.

Einen Blumenstrauß so zu transportieren, dass er nach der Ankunft noch heil aussieht, ist manchmal gar nicht so einfach. Diese Variante ermöglicht es, den Strauß sogar vorsichtig in eine Tasche zu legen und ihn so zu transportieren. Durch den Karton ist er von fast allen Seiten gut geschützt und der Beschenkte wird sich über diese „mal etwas andere" Blumenverpackung sicher sehr freuen.

A.

Sie benötigen zur Dekoration:

- schmales Band
- breites Band
- kleine Schere

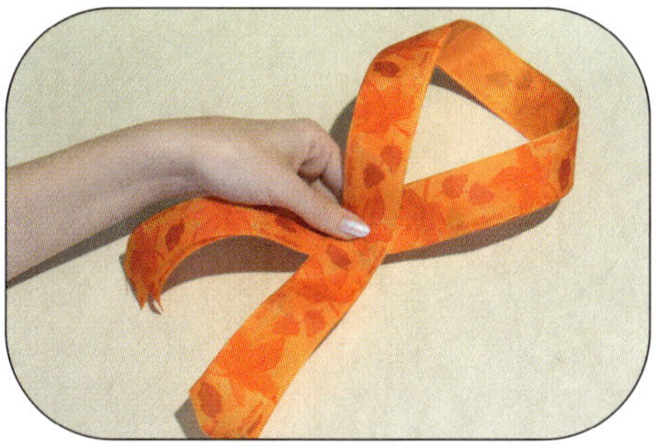

B.

Halten Sie das Band mit der linken Hand fest und legen Sie mit der rechten Hand eine Schlinge. Legen Sie ein zweites Band gleichermaßen darüber.

C.

Fassen Sie an dem Punkt, an dem sich das Band überkreuzt, die Schleife zusammen. Binden Sie das schmale Band um die Mitte der Schleife und binden Sie sie zusammen.

D.

Binden Sie die Schleife an der Verpackung fest und kräuseln Sie das überstehende schmale Band.

Topfpflanze im Papierkleid

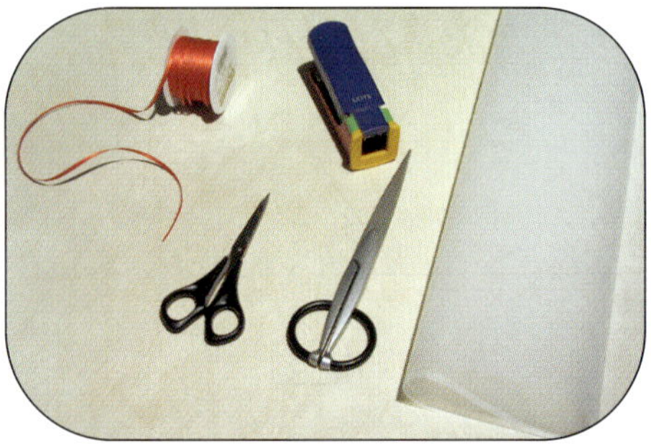

1.

Sie benötigen:
- Transparentpapier
- Papierschere
- kleine Schere
- schmales Band
- Hefter

2.

Schneiden Sie das Transparentpapier zu einer quadratischen Form und stellen Sie den Topf in die Mitte.

3.

Nehmen Sie das Papier von der rechten Seite hoch und legen Sie ein paar Falten zur vorderen Topfmitte.

4.

Nehmen Sie das Papier von der linken Seite hoch und legen Sie ebenfalls ein paar Falten. Heften Sie diese mit den anderen über dem Topfrand zusammen.

5.

Gestalten Sie die Rückseite des Topfes nach dem gleichen Schema.

6.

Drücken Sie das Papier über dem Topfrand zusammen und binden Sie es um die Pflanzenstängel mit etwas Band fest. Zupfen Sie die Papierenden hübsch zurecht.

A.

Sie benötigen zur Dekoration:
- breites Band
- dünnen Draht
- kleine Schere

B.

Halten Sie das Bandende mit der linken Hand fest. Legen Sie eine Schlinge um den Daumen. Formen Sie eine größere Schlinge unter dem Daumen nach links und eine gleich große nach rechts. Mit fünf Schlingen ist der erste Teil der Schleife komplett.

Blumen und Pflanzen sind im natürlichen Zustand schon so schön, dass man sie manchmal gar nicht verpacken will. So versteckt man nichts von ihrer natürlichen Pracht. Um aber z. B. einer Topfpflanze doch einen Geschenkcharakter zu verleihen, können Sie den Topf in ein Papierkleid einpacken. Besonders geeignet ist diese Variante außerdem, wenn Sie die Pflanze ohne Übertopf verschenken: Das Papierkleid verhüllt den meist nicht repräsentativen Pflanztopf und eine zu den Blüten passende Schleife schmückt das Ganze zusätzlich.

C.

Wiederholen Sie das Ganze zwei Mal, leicht versetzt, aber mit dem gleichen Mittelpunkt.

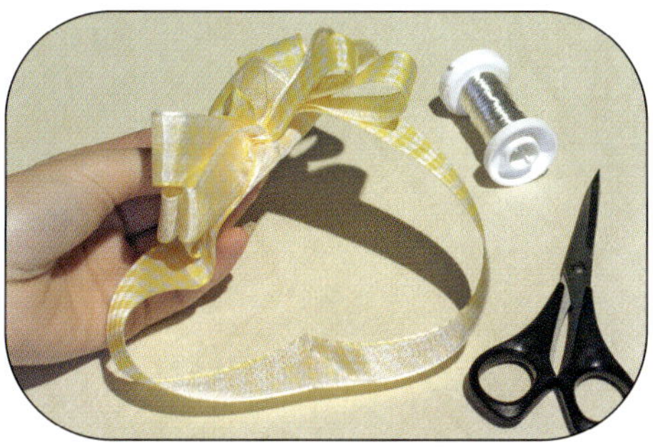

D.

Machen Sie eine große Schlinge und führen Sie das Bandende zur Mitte. Fixieren Sie das Ganze mit dem Draht.

E.

Schneiden Sie die große Schlinge auseinander und binden Sie die fertige Schleife an dem Pflanzentopf fest.

Topfpflanze im Faltenkleid

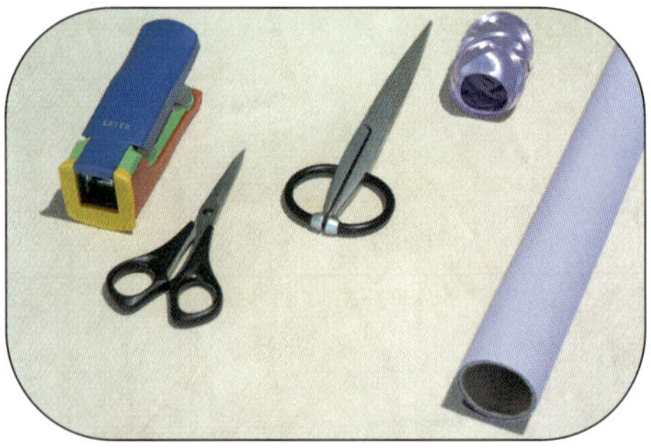

1.

Sie benötigen:
- eine Rolle doppelseitig bedrucktes Geschenkpapier
- Papierschere
- kleine Schere
- schmales Band
- Hefter

2.

Schneiden Sie das Geschenkpapier zu einer quadratischen Form und stellen Sie den Topf auf die vordere Hälfte.

3.

Nehmen Sie das Papier vorne hoch und legen Sie es an der vorderen Hälfte des Topfes zu Falten.

4.

Nehmen Sie das Papier an der hinteren Seite des Topfes ebenfalls hoch und drücken Sie es am Topfrand zu den Stängeln hin zusammen. Binden Sie es mit dem Band zusammen.

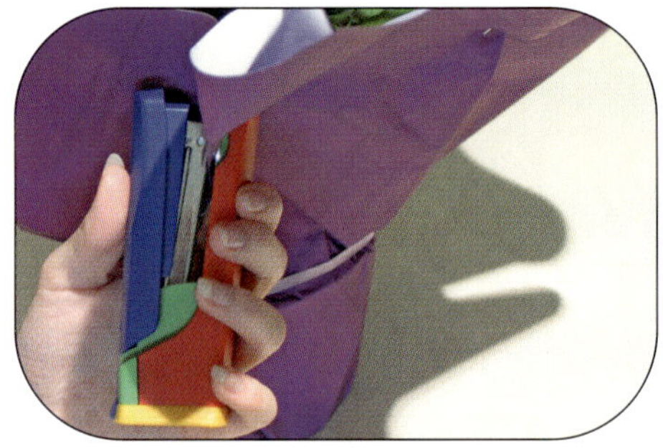

5.

Heften Sie das Papier an den notwendigen Stellen fest, damit es hinten schön hoch stehen bleibt.

6.

Zupfen Sie die Ecken in die gewünschte Position.

A.

Sie benötigen zur Dekoration:
- breites Band
- dünnen Draht
- kleine Schere

B.

Halten Sie mit der linken Hand das breite Band und legen Sie mit der rechten eine Schlinge nach oben. Legen Sie eine weitere Schlinge nach unten, sodass eine „8" entsteht.

Wenn Sie Pflanzen verpacken, ist es stets wichtig, dass diese noch atmen können. Es sollte keinesfalls der Eindruck entstehen, die Pflanzen seien eingesperrt.
So sieht es z. B. sehr natürlich aus, wenn Sie nur den Topf schön verpacken und die Pflanze mit ihrer ganzen Farb- und Formpracht wirken kann. Verwenden Sie bei dieser Art der Verpackung doppelt bedrucktes Geschenkpapier, da dieses von beiden Seiten schön aussieht. Sollte Ihnen gerade keines zur Verfügung stehen, können Sie auch Seiden- oder Krepppapier benutzen.

D.

Ziehen Sie den Draht über die Mitte und fixieren Sie damit die Schleife. Ziehen Sie die Schleife schön breit auseinander.

C.

Legen Sie fünf weitere „8"-en darüber und schneiden Sie das Ende des Bandes ab.

E.

Binden Sie die fertige Schleife an dem Pflanzentopf fest.

Eine Blume

1.

Sie benötigen:

- eine Rolle Geschenkpapier
- ein Stück Küchenkrepp
- Papierschere
- Alufolie

2.

Legen Sie die Blume auf das ausgerollte Papier. Schneiden Sie zwei Stücke ab, die drei Mal die Breite der Blüte haben und unten in der Länge des halben Blumenstängels überstehen.

3.

Wickeln Sie um den Anschnitt der Blume ein angefeuchtetes Stück Küchenkrepp. Damit die Feuchtigkeit möglichst lange hält, wickeln Sie um den Küchenkrepp ein Stück Alufolie.

4.

Falten Sie das Geschenkpapier der Länge nach in drei gleich große Teile.

5.

Falten Sie die rechte Seite nach links, sodass die Hälfte des Blumenstängels bedeckt ist.

6.

Falten Sie diese Klappe diagonal nach oben und hinter der ersten Klappe wieder nach vorne.

7.

Falten Sie das verbleibende Papier diagonal nach innen und schieben Sie es unter das zuerst entstandene Dreieck.

8.

Gehen Sie mit dem zweiten Stück Papier gleichermaßen vor und schieben Sie die beiden Taschen ineinander.

Eine Blume ist immer eine nette Aufmerksamkeit. Da sich diese jedoch oftmals schwierig schmücken und schon gar nicht verpacken lässt, ist es nicht einfach, ihr zum Verschenken ein repräsentatives Erscheinungsbild zu verleihen. Neben dem Äußeren gilt es allerdings auch, die Blume möglichst haltbar zu machen: Wickeln Sie sie in ein Stück feuchten Küchenkrepp. Etwas Alufolie schützt diesen vor dem Austrocknen. Da dieser hilfreiche Trick jedoch optisch unschön wirkt, ist die optimale Lösung eine Tasche zum Einstecken des Stängels! Somit ist die Blume nicht nur hübsch verpackt, sondern auch bestens versorgt.

9.

Schieben Sie die Blume in die Klappe.

A.

Sie benötigen zur Dekoration:
- breites Band
- dünnen Draht
- kleine Schere

B.

Halten Sie das Band zwischen Zeigefinger und Daumen fest. Legen Sie drei gleich große Schlaufen. Fixieren Sie die Schleife an der Stelle, an der Sie sie festhalten, mit Draht.

C.

Schieben Sie die Schleife in die Tasche zu der Blume und arrangieren Sie sie wie Blumenblätter.

Zerbrechliches edel verpackt

1.

Sie benötigen: • eine Rolle Geschenkpapier • Papierschere • kleine Schere • Klebeband • doppelseitiges Klebeband • Kunsteiswürfel • z. B. ein Buch als stabile Unterlage

2.

Legen Sie das Buch auf das ausgerollte Papier. Schneiden Sie ein Stück ab, das die Unterlage mit einer kleinen Überlappung umschließt und an den Seitenrändern einige Zentimeter übersteht.

3.

Schlagen Sie das Papier an der Längsseite leicht ein und befestigen Sie das doppelseitige Klebeband daran. Kleben Sie das Paket hinten, entlang der Mitte, zu.

4.

Klappen Sie die Oberseite am Rand entlang herunter und knicken Sie das Papier an den Seitenkanten ein. Schlagen Sie die Klappe leicht ein.

5.

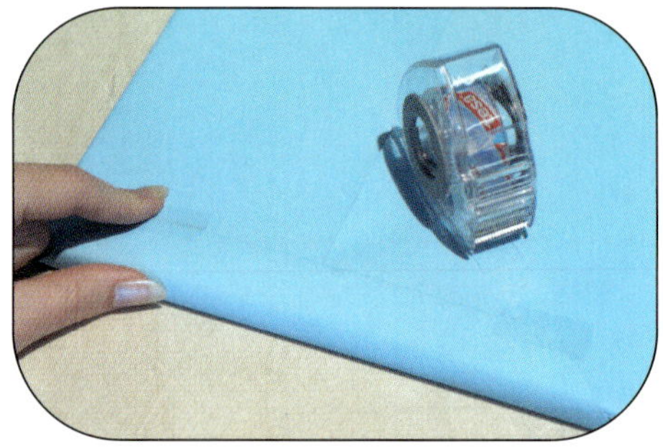

Kleben Sie die Klappe mit etwas Klebeband fest. Verfahren Sie genauso mit der anderen Seite des Paketes.

6.

Kleben Sie die Gläser mit etwas doppelseitigem Klebeband auf dem Buch fest.

7.

Streuen Sie die Kunsteiswürfel um die Gläser.

A.

Sie benötigen zur Dekoration:
• eine Rolle Klarsichtfolie • kleine Schere
• zwei verschiedenfarbige Rollen schmales Band
• Strohhalme

Leicht zerbrechliche Gegenstände schön und vor allen Dingen einigermaßen sicher zu verpacken ist eine kleine Herausforderung. Wenn Sie Gläser oder Schalen verschenken möchten, sollten Sie eine stabile Unterlage haben, auf der Sie die Gegenstände mit doppelseitigem Klebeband oder Posterstrips befestigen können. Dies kann ein fester Karton, aber auch ein Buch oder ein Tablett sein. Das Festkleben bedeutet nicht, dass Sie das Geschenk schief halten oder ruckartig bewegen dürfen, da das Klebeband die Gläser nur vor dem sofortigen Wegrutschen bewahrt. Die Klarsichtfolie wirkt nicht nur wertvoll, sondern schützt die Gläser auch zusätzlich.

B.

Stellen Sie das Buch mit den Gläsern auf die ausgerollte Klarsichtfolie und schneiden Sie ein großzügiges Stück ab.

C.

Nehmen Sie die Folie von unten, führen Sie sie zu einem Punkt in der Mitte über dem Geschenk und binden Sie sie mit etwas Band zusammen.

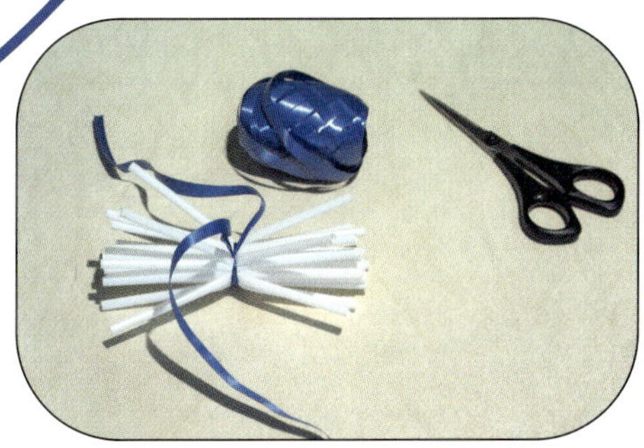

D.

Legen Sie einige Strohhalme nebeneinander und fixieren Sie sie in der Mitte mit dem Band.

E.

Binden Sie die „Strohhalmschleife" mit dem schmalen Band an dem Geschenk fest. Kräuseln Sie das überstehende Band.

Zerbrechliches sicher verpackt

1.

Sie benötigen:
- Zeitungspapier
- Tapetenkleister
- einen Karton
- Schneebesen
- Schüssel
- Pinsel

2.

Verpacken Sie die einzelnen zerbrechlichen Gegenstände mit Zeitungspapier.

3.

Rühren Sie den Kleister nach Gebrauchsanweisung an.

4.

Reißen Sie das Zeitungspapier in kleine Stücke.

5.

Streichen Sie den Kleister mit dem Pinsel auf eine Seite der Zeitungspapierstücke und kleben Sie sie auf den Karton. Lassen Sie den Karton gut trocknen.

6.

Legen Sie die verpackten Gegenstände in den Karton und verschließen Sie die Schachtel.

A.

Sie benötigen zur Dekoration:
- breites Band
- kleine Schere

B.

Halten Sie das Band mit der linken Hand fest und ziehen Sie es mit der rechten diagonal über eine Ecke der Schachteloberseite an der Seite entlang.

Zerbrechliche Geschenke sicher zu transportieren ist wichtig. Schließlich wäre es ärgerlich, wenn z. B. teures Porzellan zu Bruch ginge. Besonders wenn Sie das Geschenk mit öffentlichen Verkehrsmitteln oder zu Fuß transportieren müssen, wird dies ganz schnell zu einer kniffligen Herausforderung.

In einem schönen Karton ist das Geschenk bestens und absolut sicher aufbewahrt. Ein Karton lässt sich leicht tragen und kann später weiter verwendet werden.

Der Karton lässt sich nicht nur mit Zeitungspapier, sondern auch mit farbigem Geschenkpapier, Packpapier usw. schön verzieren. Eine üppige Schleife gibt dem Karton einen hochwertigen Touch.

D.

Machen Sie einen Knoten und wiederholen Sie den gesamten Vorgang in der entgegengesetzten Richtung.

C.

Führen Sie das Band über die untere Ecke wieder nach oben. Ziehen Sie es von dort über die Seite wieder zum Ausgangspunkt.

E.

Machen Sie erneut einen Knoten am Ausgangspunkt und binden Sie eine große Schleife als Abschluss.

Kleidung mal anders

1.

Sie benötigen:
- zwei Rollen Geschenkpapier
- Papierschere
- kleine Schere
- doppelseitiges Klebeband
- Locher

2.

Legen Sie das zusammengelegte Kleidungsstück auf das ausgerollte Papier. Schneiden Sie ein Stück ab, das bis auf einige Zentimeter um das Kleidungsstück passt, sodass ein Großteil der Oberfläche frei bleibt.

3.

Legen Sie das zweite Papier auf das Kleidungsstück und schneiden Sie ein Stück ab, das die Oberseite des Kleidungsstücks fast komplett bedeckt.

4.

Schlagen Sie die Längsseiten des großen Papiers nach innen und lochen Sie es in regelmäßigen Abständen. Bringen Sie hinter den Löchern doppelseitiges Klebeband an.

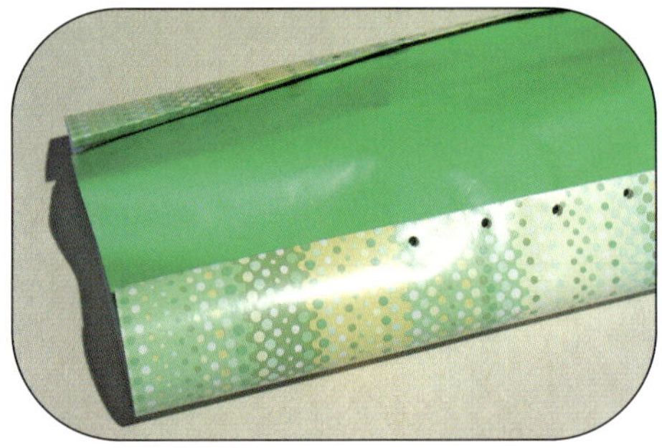

5.

Legen Sie das Kleidungsstück mit der Vorderseite nach oben auf das große Papier. Legen Sie das kleine Papier obenauf und kleben Sie das große Stück daran fest.

6.

Legen Sie das Paket mit der Oberseite nach unten und klappen Sie die Oberseite am Rand entlang herunter. Schlagen Sie das Papier an den Seitenkanten ein.

7.

Knicken Sie die untere Klappe so ein, dass eine saubere Kante entsteht.

8.

Bringen Sie doppelseitiges Klebeband an und kleben Sie die Klappe sorgfältig fest. Verfahren Sie gleichermaßen mit der anderen Seite des Paketes.

Kleidungsstücke zu verpacken ähnelt dem Einpacken einer Schachtel, nur müssen Sie hier Ihre Ecken und Kanten selbst finden. Damit dies möglichst einfach und vor allen Dingen gleichmäßig gelingt, hilft es, wenn Sie das Kleidungsstück zunächst einmal kompakt zusammenlegen. Je ordentlicher Sie das Kleidungsstück herrichten, desto einfacher haben Sie es anschließend. Achten Sie darauf, dass Sie die Kleidungsstücke beim Verpacken nicht zu sehr zusammendrücken.
Die hier gezeigte Variante ist besonders geeignet, wenn Sie ein kleines Reststück von einer Papiersorte haben, das Sie gerne noch unterbringen möchten.

B.

Ziehen Sie das Band durch die Löcher wie einen Schnürsenkel durch einen Schuh.

A.

Sie benötigen zur Dekoration:
- breites Band
- kleine Schere

C.

Knoten Sie das Band oben zusammen und binden Sie eine schöne Schleife darauf.

Die Tüte: der Tausendsassa

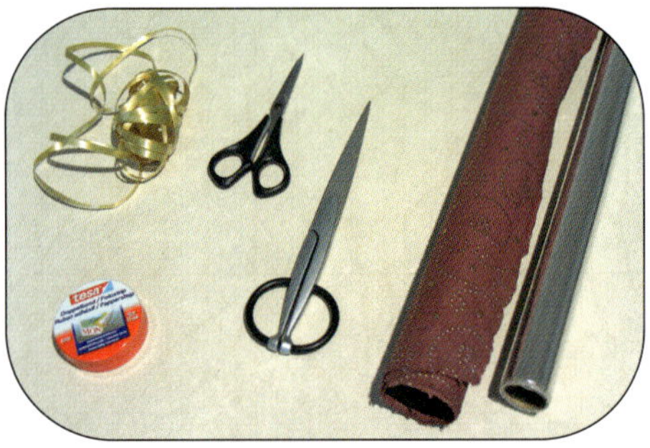

1.

Sie benötigen: • eine Rolle Geschenkpapier • eine Rolle Klarsichtfolie • schmales Band • Papierschere • kleine Schere • doppelseitiges Klebeband

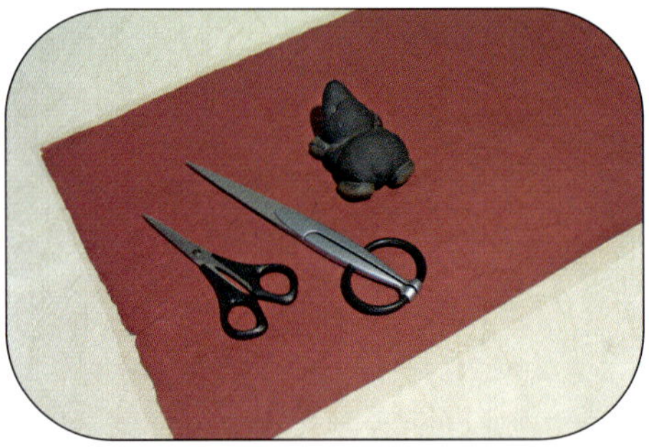

2.

Legen Sie das Geschenkpapier auf die Klarsichtfolie und darauf das Geschenk. Schneiden Sie ein Stück ab, das das Geschenk mit einer kleinen Überlappung umschließt und in der Höhe weit übersteht.

3.

Legen Sie das Geschenk auf die obere Hälfte des Papiers. Schlagen Sie das Papier mit der Folie an der Längsseite etwas ein und kleben Sie das Geschenk zu.

4.

Falten Sie die untere Hälfte des Papiers ein wenig vor und klappen Sie sie über das Geschenk.

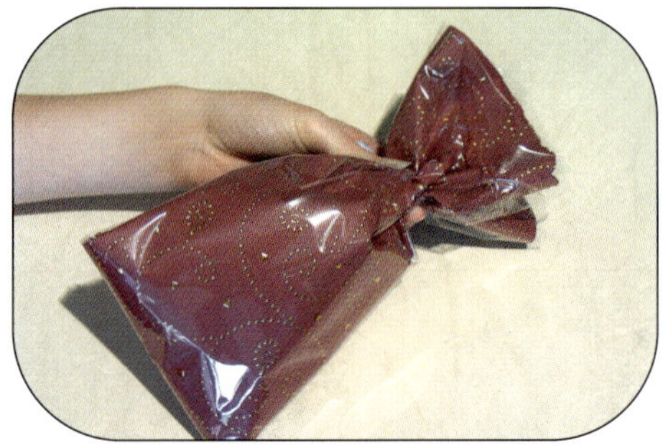

5.

Falten Sie das Papier zusammen mit der Folie oben von beiden Seiten ziehharmonikaartig vorsichtig zusammen.

6.

Binden Sie das Papier an der Stelle, an der Sie es zusammenhalten, zu.

A.

Sie benötigen zur Dekoration:
- ein Stück Geschenkpapier
- ein Stück farblich passendes Papier
- Stift
- breites Band
- schmales Band
- kleine Schere

B.

Schneiden Sie das Geschenkpapier und das farbige Papier zusammen zu einem Rechteck. Knicken Sie das Rechteck in der Mitte und schreiben Sie in das entstandene Kärtchen den Namen des zu Beschenkenden.

Es gibt immer wieder Geschenke, die zwar im ausgepackten Zustand dekorativ aussehen, doch für die Verpackung keine gute Form abgeben.
Bevor Sie sich unnötig in Stress bringen und versuchen, jedes noch so unförmige Geschenk in eine schöne Form zu bringen, können Sie auch einfach eine Tüte darum basteln. Die passt um jede Form und ist immer hübsch anzusehen.
Wählen Sie für die Tüte ein festes Papier. Wenn Sie etwas sehr Schweres in die Tüte packen, sollten Sie auf alle Fälle zur Sicherheit noch Klarsichtfolie mit einbinden, damit sie auch garantiert reißfest ist.

D.

Befestigen Sie das Kärtchen mit dem schmalen Band an dem Geschenk.

C.

Stechen Sie mit der Schere ein kleines Loch in das Kärtchen.

E.

Binden Sie mit dem breiten Band eine große Schleife um das Geschenk und zupfen Sie sie hübsch zurecht.

Umschlag mit Umschlag

1.

Sie benötigen:
- eine Rolle doppelseitig bedrucktes Geschenkpapier
- Papierschere
- kleine Schere
- doppelseitiges Klebeband

2.

Legen Sie das Dokument auf das ausgerollte Papier und schneiden Sie ein Stück ab, das mit einer Überlappung um das Dokument passt und an den kurzen Seiten einige Zentimeter übersteht.

3.

Legen Sie das Papier um das Dokument und schlagen Sie die Kante schräg um. Befestigen Sie den schiefen Umschlag mit doppelseitigem Klebeband.

4.

Drehen Sie das Geschenk und falten Sie den Rand parallel zu dem Dokument. Schlagen Sie ihn an beiden Seiten schräg und an der Oberkante ein. Kleben Sie ihn mit doppelseitigem Klebeband zu.

5.

Gehen Sie gleichermaßen auf der anderen Seite vor.

A.

Sie benötigen zur Dekoration:
- breites Band
- dünnen Draht
- kleine Schere

B.

Legen Sie das Band in eine Schlinge, die den Umfang der fertigen Schleife hat. Legen Sie anschließend acht weitere Schlingen um die erste.

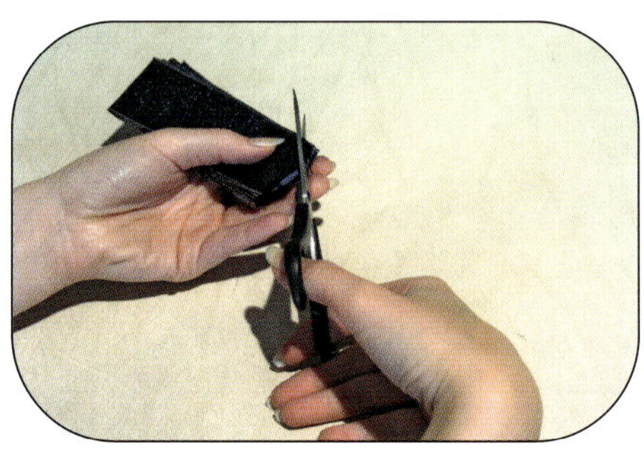

C.

Drücken Sie die Schlingen zusammen und schneiden Sie an allen vier Ecken die Spitzen schräg ab. Achtung: Das Band muss in der Mitte noch zusammenhängen.

Wenn eine Urkunde, ein Zeugnis oder ein wichtiges Dokument verpackt werden soll, so muss die Verpackung zum einen schützen, zum anderen ein dem Anlass entsprechendes Aussehen haben. Ein einfacher Umschlag wirkt da nicht sehr individuell und ist auch oftmals schwer in dem richtigen Format zu erhalten.
Der hier gezeigte Umschlag ist nicht nur sehr funktionstüchtig, sondern auch äußerst individuell. Mit der schönen Schleife kommen Sie ganz weg vom einfallslosen Umschlag hin zu einem hochwertigen Geschenk.

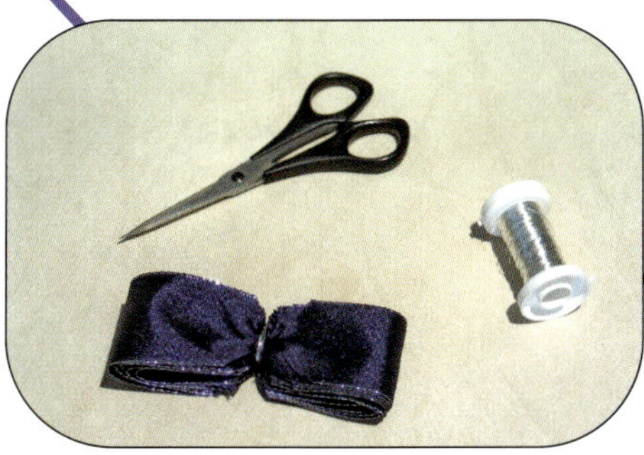

D.

Legen Sie die angeschnittenen Ecken aufeinander und fixieren Sie sie mit Draht. Schneiden Sie den überstehenden Draht ab.

E.

Legen Sie das Band der Länge nach auf die Oberseite des Umschlages. Drehen Sie den Umschlag auf den Rücken und kreuzen Sie die Bandenden.

F.

Drehen Sie den Umschlag wieder und führen Sie das Band auf beiden Seiten nach oben. Ziehen Sie das Bandende einmal unter dem Mittelkreuz durch und machen Sie einen festen Knoten.

G.

Binden Sie die Schleife fest und zupfen Sie die Schlaufen gleichmäßig auf.

Konzertkarten

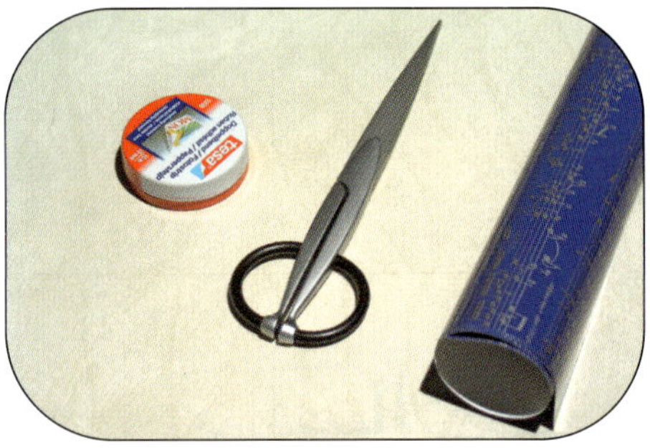

1.

Sie benötigen:
- Geschenkpapier mit Notenaufdruck
- Papierschere
- doppelseitiges Klebeband

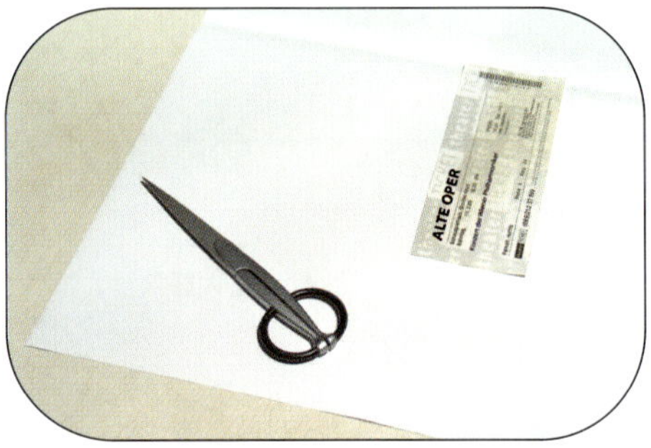

2.

Legen Sie die Karten auf das Papier und schneiden Sie ein Stück ab, das die Karten mit einer kleinen Überlappung an den Seitenrändern umschließt und sehr viel höher ist als die Karten.

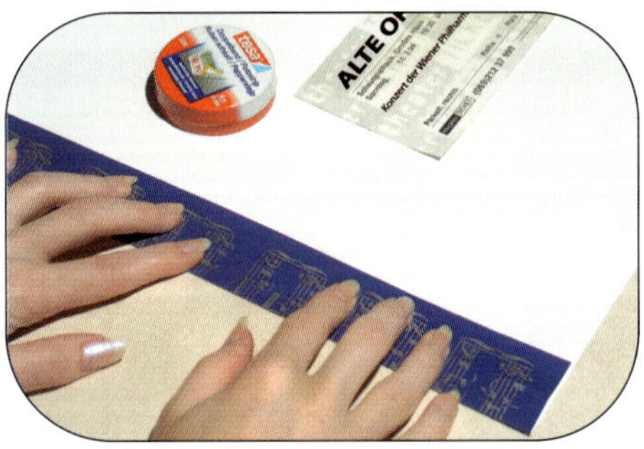

3.

Schlagen Sie das Papier an der Längsseite leicht ein und befestigen Sie das doppelseitige Klebeband daran.

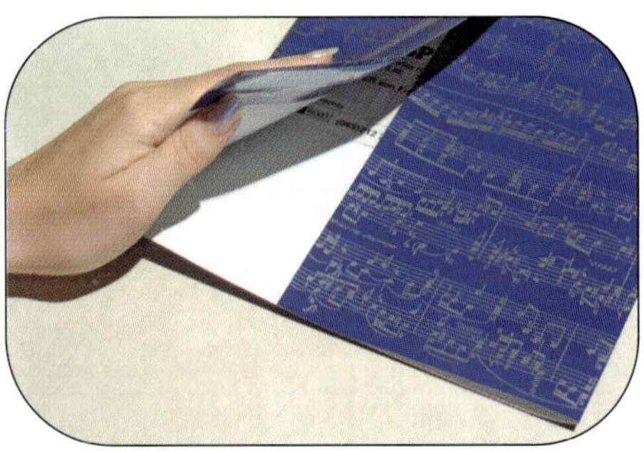

4.

Knicken Sie die beiden Längsseiten wie Flügel nach innen und verkleben Sie sie miteinander.

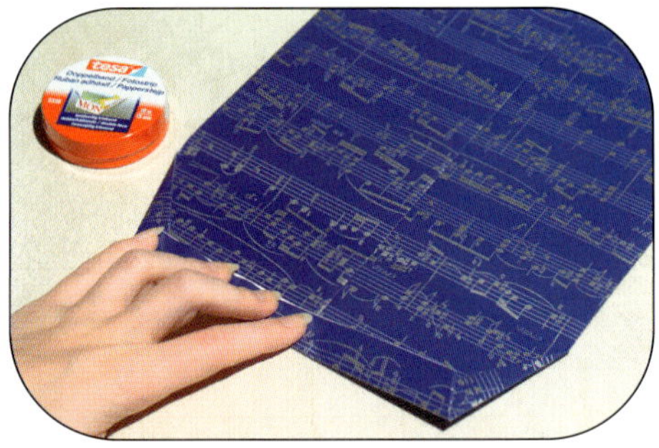

5.

Falten Sie den unteren Rand parallel zu den Karten, schlagen Sie ihn an beiden Seiten schräg und an der Oberkante gerade ein. Kleben Sie ihn mit doppelseitigem Klebeband zu.

6.

Rollen Sie von der rechten oberen Ecke das Papier diagonal nach vorn, sodass ein schmaler Trichter entsteht, der an einen Taktstock erinnert.

7.

Rollen Sie den Trichter wieder auf und befestigen Sie nun doppelseitiges Klebeband an den notwendigen Stellen, um den Trichter zusammenzuhalten.

8.

Klappen Sie den Trichter auf die Vorderseite der Kartenverpackung und kleben Sie ihn mit doppelseitigem Klebeband fest. Wenn die Karten klein sind, spricht nichts dagegen, das Paket einfach etwas größer zu machen. Dann wirkt der Trichter besser!

Konzertkarten einfach in einen Umschlag zu stecken ist sicher keine Kunst. Liebevoller verschenken Sie die Karten in einer Verpackung aus Notenpapier. Es gibt viele Motivpapiere mit Notenschlüsseln, Klaviertasten oder sogar Noten zu ganzen Liedern. Wählen Sie, was am besten zu dem entsprechenden Konzert passt. Der Trichter macht die Verpackung optisch größer und stellt eine ungewöhnliche Form dar. Ob er nun einen großen Durchmesser hat und somit wie ein Lautsprecher wirkt oder eher einen kleinen Durchmesser wie bei einem Taktstock, entscheiden Sie am besten nach dem Anlass.

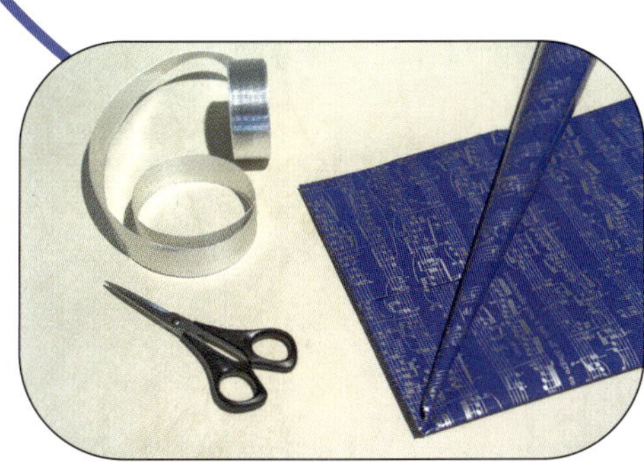

A.

Sie benötigen zur Dekoration:
- breites Band
- kleine Schere

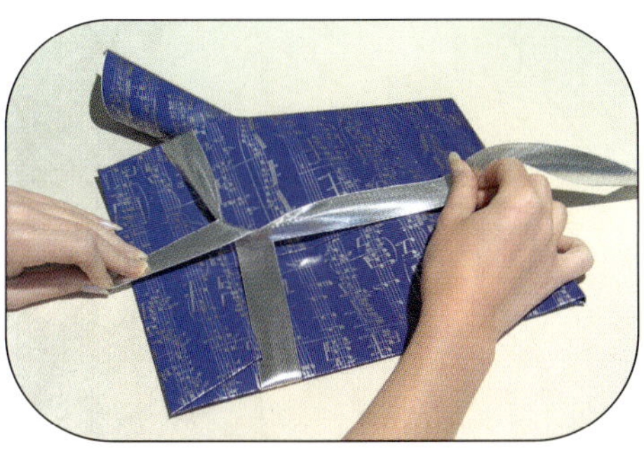

B.

Legen Sie das Band der Länge nach auf die Oberseite des Paketes. Drehen Sie das Paket um und lassen Sie die Bandenden überkreuzen.

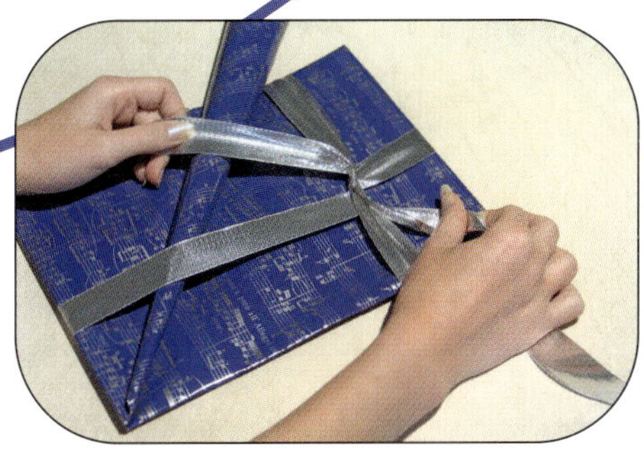

C.

Drehen Sie das Paket wieder und führen Sie das Band nach oben. Ziehen Sie das Bandende einmal unter dem Mittelkreuz durch und machen Sie einen festen Knoten.

D.

Kräuseln Sie die überstehenden Bandenden mit der Schere.

Verpackung mit viel Spaß

1.

Sie benötigen:
- altes Zeitungspapier
- einen Karton
- eine Rolle Geschenkpapier
- Papierschere
- kleine Schere
- doppelseitiges Klebeband
- Bonbons

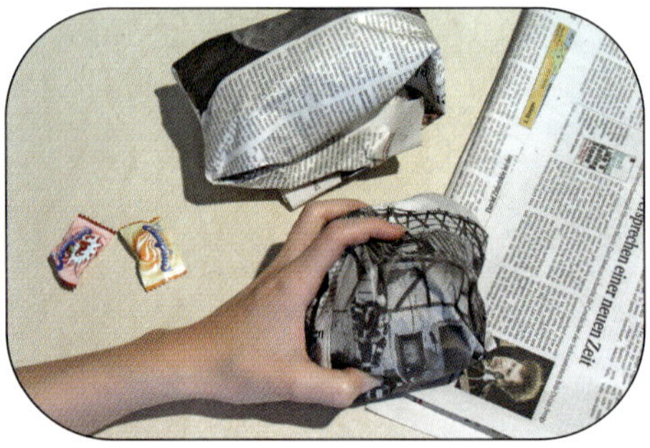

2.

Wickeln Sie das Geschenk sowie viele Bonbons mit Zeitungspapier ein. Wiederholen Sie dies immer wieder, damit große Pakete entstehen.

3.

Legen Sie alle Pakete in den Karton und machen Sie ihn gut zu.

4.

Stellen Sie das Paket auf das Papier und schneiden Sie ein Stück ab, das mit einer kleinen Überlappung um das Geschenk passt. An den Seitenrändern hat das Papier die Höhe der Schachtel.

5.

Schlagen Sie das Papier an der Seite leicht ein und befestigen Sie das doppelseitige Klebeband daran. Kleben Sie das Paket hinten, entlang der Mitte, zu.

6.

Knicken Sie das Papier an den kürzeren Seiten entlang der Schachtel ein.

7.

Schlagen Sie die obere Klappe nach unten und falten Sie die untere Klappe nach oben. Befestigen Sie sie mit doppelseitigem Klebeband. Praktizieren Sie das Gleiche auf der anderen Seite.

A.

Sie benötigen zur Dekoration:
- verschiedenfarbige schmale Bänder
- Splisser zum Teilen der Bänder
- kleine Schere

Achtung: Das ist keine Idee zum schnellen Auspacken. Wenn Sie allerdings den Beschenkten einmal liebevoll so richtig „auf den Arm nehmen" möchten, sollten Sie sich für eine solche Verpackung entscheiden. Besonders bei Kindern wird das jede Menge Spaß mit sich bringen und kann zum Highlight für jeden Kindergeburtstag werden. Die Spannung liegt darin, dass alle Geschenke ganz dick eingepackt sind. Allerdings befinden sich in allen Paketen außer einem ausschließlich Bonbons oder andere Kleinigkeiten. Das eigentliche Geschenk muss erst gefunden werden.

B.

Legen Sie das Band auf die Oberseite der Schachtel. Drehen Sie die Schachtel auf den Rücken und lassen Sie die Bandenden in der Mitte der Unterseite kreuzen.

C.

Drehen Sie die Schachtel und führen Sie das Band an den Seiten entlang wieder nach oben. Verknoten Sie die Bandenden in der Mitte.

D.

Binden Sie die verschiedenfarbigen Bänder ebenfalls um den Knoten und kräuseln Sie die überstehenden Enden.

E.

Fransen Sie die Bänder mit dem Splisser ungleichmäßig auseinander und ziehen Sie sie dekorativ über das Geschenk.

Das Jubiläum

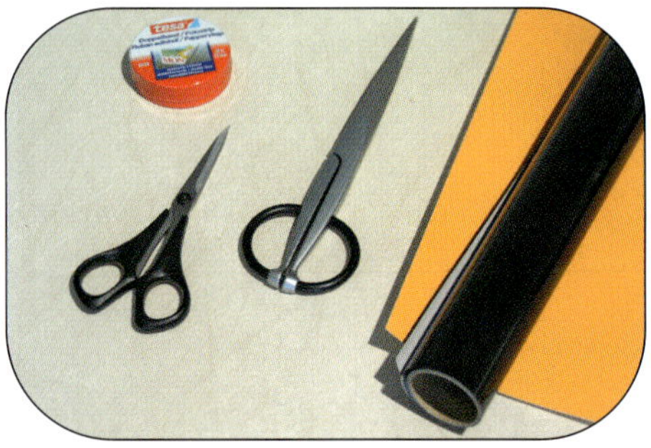

1.

Sie benötigen:
- eine Rolle Geschenkpapier
- Papierschere
- ein Stück farbigen Karton
- kleine Schere
- doppelseitiges Klebeband

2.

Schneiden Sie ein Stück Karton, das genau die Oberfläche und die beiden Seitenteile der Schachtel bedeckt.

3.

Legen Sie die Schachtel auf das ausgerollte Papier. Schneiden Sie ein Stück ab, das das Geschenk mit einer großen Überlappung umschließt und an den Seitenrändern die Höhe der Schachtel hat.

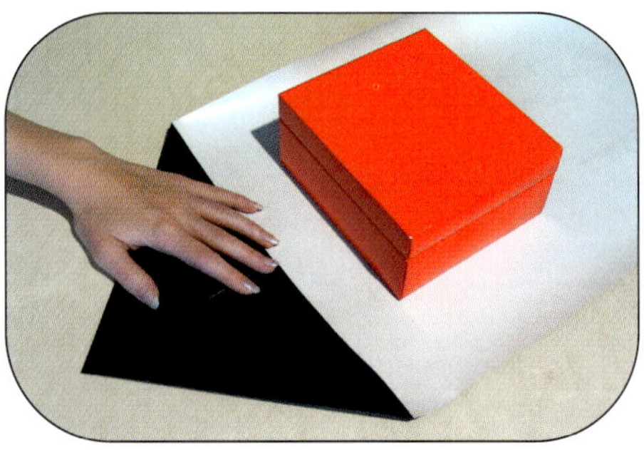

4.

Schlagen Sie die beiden Ecken des Papiers ein, sodass ein gleichförmiges Dreieck entsteht.

5.

Legen Sie das Papier um die Schachtel und kleben Sie das Dreieck auf dem Karton fest. Schlagen Sie das Papier auf der anderen Seite leicht ein und kleben Sie es ebenfalls auf dem Karton fest.

6.

Klappen Sie die Oberseite am Rand entlang herunter und schlagen Sie das Papier an den Seitenkanten ein.

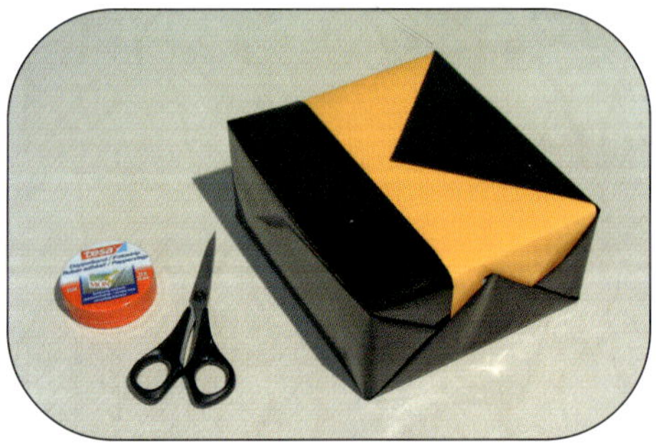

7.

Kleben Sie die Klappe mit etwas Klebeband fest. Verfahren Sie genauso mit der anderen Seite des Paketes.

A.

Sie benötigen zur Dekoration:
- ein Stück farbigen Karton
- kleine Schere
- Bleistift
- schmales Band
- doppelseitiges Klebeband

Gerne möchte man bei dem Geschenk zu einem Jubiläum konkret zu dem Anlass Stellung nehmen. Das Dekorationsangebot zu solchen Anlässen ist in den Geschäften jedoch oft sehr dürftig oder einfach nicht individuell genug. Auf die hier gezeigte Art und Weise der Verpackung können Sie die Zusatzelemente genau auf das Papier abstimmen. So sind Sie farblich und stilistisch völlig unabhängig und können Ihre Ideen frei entfalten. Arbeiten Sie z. B. mit den Lieblingsfarben des zu Beschenkenden oder mit den Farben der Jahreszeit. Auch gibt es charakteristische Farben für jeden Anlass. So können Sie sich z. B. bei einem 25-jährigen Ehejubiläum Silber zunutze machen und zur Geburt eines Mädchens Rosa.

B.

Zeichnen Sie die Konturen der Jubiläumszahl auf den Karton und schneiden Sie die Zahlen sorgfältig aus.

C.

Legen Sie das Band auf die Oberseite der Schachtel. Drehen Sie die Schachtel auf den Rücken und kreuzen Sie die Bandenden in der Mitte der Unterseite.

D.

Drehen Sie die Schachtel und führen Sie das Band an den Seiten entlang wieder nach oben. Verknoten Sie die Bandenden in der Mitte.

E.

Bringen Sie die Zahlen mit doppelseitigem Klebeband am Geschenkrand an.

Last-Minute-Verpackung

1.

Sie benötigen:
- unterschiedlich große Kartons
- drei verschiedenfarbige Sorten schmales Band
- kleine Schere

2.

Verteilen Sie die Geschenke auf die unterschiedlichen Kartons und stapeln Sie sie wie eine Pyramide aufeinander.

3.

Legen Sie das Band auf die Oberseite der obersten Schachtel. Drehen Sie die Schachtelpyramide um und kreuzen Sie die Bandenden in der Mitte der Unterseite.

4.

Drehen Sie die Schachteln erneut und führen Sie das Band an den Seiten entlang wieder nach oben. Verknoten Sie die Bandenden in der Mitte.

5.

Legen Sie das zweite Band, leicht versetzt zu dem ersten, auf die oberste Schachtel. Drehen Sie die Schachteln wiederum und kreuzen Sie die Bandenden leicht versetzt zu den ersten auf der Unterseite.

6.

Nun drehen Sie die Schachteln und führen das Band an den Seiten entlang wieder nach oben. Verknoten Sie die Bandenden miteinander.

7.

Legen Sie das dritte Band, leicht versetzt zu den ersten, auf die oberste Schachtel. Drehen Sie die Schachteln um und kreuzen Sie die Bandenden leicht versetzt zu den ersten auf der Unterseite.

8.

Jetzt drehen Sie die Schachteln ein letztes Mal und führen das Band an den Seiten entlang wieder nach oben. Verknoten Sie die Bandenden miteinander.

Wenn Sie nicht besonders geübt im Verpacken sind, trotzdem möglichst schnell zu einem bemerkenswerten Ergebnis kommen möchten, sind vorgefertigte Geschenkkartons eine gute Lösung.
Am schönsten ist es, wenn Sie Kartons aus einer Serie mit unterschiedlichen Größen beschaffen können. Diese können sehr teuer, aber manchmal auch schon zu günstigen Preisen erhältlich sein. Hier lohnt es sich, beim Kauf die Augen aufzumachen.
Die Farben der Bänder sollten genau auf die Geschenkpyramide abgestimmt sein und gut festgezogen werden, damit nichts ins Rutschen kommen kann.

9.

Kräuseln Sie die überstehenden Bandenden.

10.

Dekorieren Sie die Bänder an den Schachteln entlang.

Geschenk in der Dose

1.

Sie benötigen: • Konserve
• Dosenöffner • eine Rolle Geschenkpapier
• Papierschere • kleine Schere
• doppelseitiges Klebeband • Deko-Konfetti

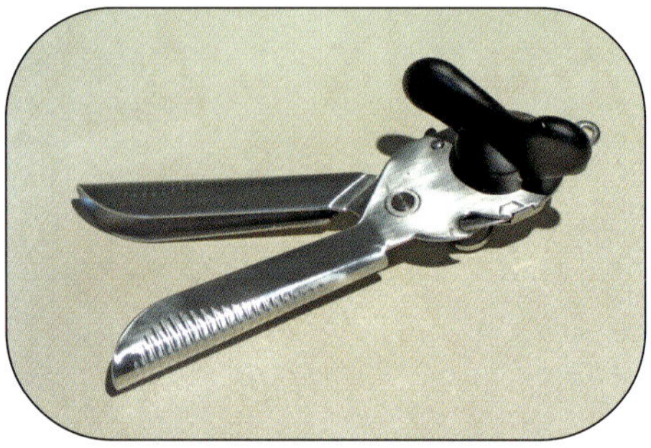

2.

Bitte beachten Sie, dass Sie keinen „gewöhnlichen" Dosenöffner benutzen dürfen, da dieser den Deckel mit einer scharfen Kante ausschneidet, die zu Verletzungen führen kann.

3.

Nehmen Sie einen Dosenöffner, der die Dose von der Seite am Dosenfalz auftrennt. So kann der Deckel anschließend wieder aufgesetzt werden. Solche Öffner gibt es inzwischen in fast jedem Haushaltswarengeschäft.

4.

Öffnen Sie die Dose, entnehmen Sie den Inhalt und spülen und trocknen Sie sie gut aus.

5.

Legen Sie die Dose auf das Papier und schneiden Sie ein Stück ab, das die Dose mit einer kleinen Überlappung komplett umschließt.

6.

Bringen Sie an dem Seitenrand der Dose doppelseitiges Klebeband an und kleben Sie das Geschenkpapier vorsichtig darauf.

7.

Legen Sie das Geschenk in die Dose und streuen Sie Deko-Konfetti darüber.

8.

Verschließen Sie die Dose gut.

Wenn Sie einmal eine ganz andere Verpackung haben wollen, dann liegen Sie mit dieser Idee goldrichtig. Sie ist zudem sehr günstig und mit einfachsten Mitteln zu verwirklichen. Wenn Sie den dazu benötigten Dosenöffner noch nicht zu Hause haben, dann denken Sie über diese kleine Investition nach, denn im Haushalt sorgt er für Hygiene und Sicherheit, was bei gewöhnlichen Dosenöffnern so bedenkenlos sicher nicht zu sagen ist.
Wenn Sie es noch individueller möchten, können Sie die Dose auch mit einem selbst gestalteten Etikett oder aber auch mit Geldmünzen bekleben und sie somit zur Spardose werden lassen.

A.

Sie benötigen zur Dekoration:
- zwei verschiedenfarbige Sorten schmales Band
- kleine Schere

B.

Legen Sie das schmale Band auf die Oberseite der Dose. Drehen Sie die Dose auf den Kopf und kreuzen Sie die Bandenden in der Mitte des Bodens.

C.

Drehen Sie die Dose wieder und führen Sie das Band auf beiden Seiten nach oben. Ziehen Sie das Bandende einmal unter dem Mittelkreuz durch und machen Sie einen festen Knoten.

D.

Verknoten Sie an der gleichen Stelle ein Stück von dem andersfarbigen Band und kräuseln Sie es. Lassen Sie die Bänder locker über die Dose herunterhängen.

Hilfe, kein Papier daheim

1.

Sie benötigen:
- alte Tüten
- kleine Schere
- doppelseitiges Klebeband

2.

Schneiden Sie die alten Tüten bunt gemischt in unterschiedlich große Stücke.

3.

Kleben Sie die Tütenstücke mit dem doppelseitigen Klebeband von hinten direkt an den Kanten zu einem großen Stück Papier zusammen.

4.

Legen Sie die Schachtel auf das Tütenpapier. Schneiden Sie ein Stück ab, das das Geschenk mit einigen Zentimetern Überlappung umschließt und an den Seitenrändern die Höhe der Schachtel hat.

5.

Legen Sie das Geschenk mit dem Rücken nach oben auf das Papier und falten Sie dieses an der Längsseite schräg zusammen. Befestigen Sie doppelseitiges Klebeband an der Kante und kleben Sie das Geschenk damit zu.

6.

Knicken Sie das Papier an den kürzeren Seiten entlang der Schachtel ein. Schlagen Sie die obere Klappe nach unten und falten Sie die untere Klappe nach oben.

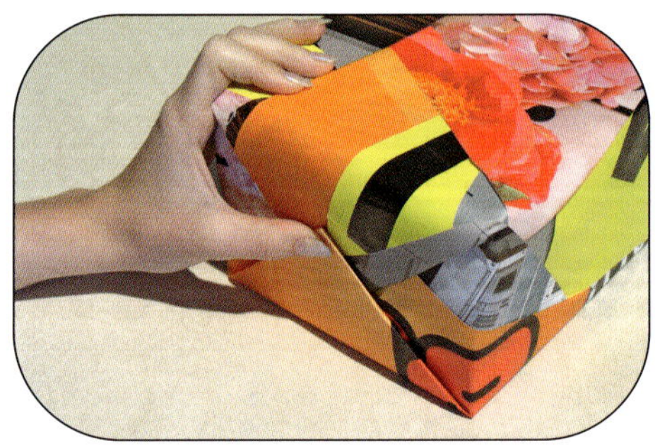

7.

Bringen Sie das doppelseitige Klebeband an und kleben Sie die Klappe sorgfältig fest. Gehen Sie gleichermaßen auf der gegenüberliegenden Seite vor.

A.

Sie benötigen zur Dekoration:
- zwei Gemüsenetze
- doppelseitiges Klebeband
- kleine Schere

Manchmal erwischt es jeden von uns: Wir werden überraschend eingeladen oder haben einen Geburtstag vergessen! Spontan findet man dann oft noch ein Geschenk, doch an das richtige Papier und die passende Schleife wird in solch brisanten Lagen meist nicht gedacht. Plündern Sie Ihren Hausrat und Sie werden feststellen, wie viele Dinge sich hier befinden, die sich bestens zum Geschenke verpacken eignen: alte Zeitungen, Illustrierte, Tüten, Gummiringe, Gefrierbeutel, Packpapier, …
Die Quelle ist fast unerschöpflich und fördert Ihre Kreativität. Das macht nicht nur Spaß, sondern führt auch zu einem sehr individuellen Ergebnis, das sicher jeder zu schätzen weiß und das lange in Erinnerung bleibt.

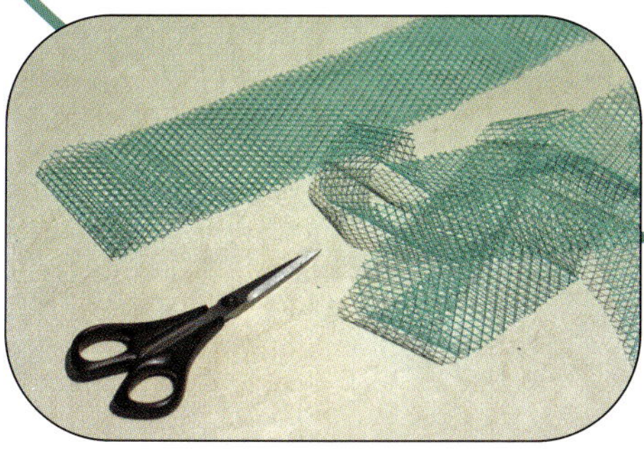

B.

Schneiden Sie ein Gemüsenetz in schmale Streifen und befestigen Sie das doppelseitige Klebeband daran.

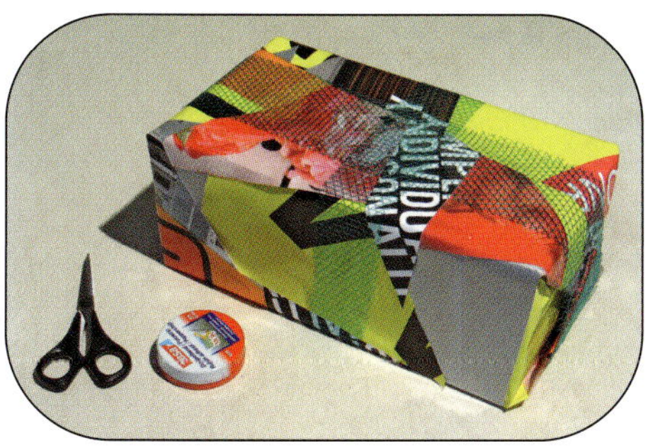

C.

Kleben Sie die Streifen der Länge und der Breite nach um das komplette Geschenk.

D.

Nehmen Sie das zweite Gemüsenetz und verknoten Sie es in der Mitte mit einem schmalen Streifen. Zupfen Sie den oberen Teil wie eine Blüte zurecht.

E.

Binden Sie die entstandene Schleife auf dem Geschenk fest.

Genehmigte Lizenzausgabe
EDITION XXL GmbH
Fränkisch-Crumbach 2005
www.edition-xxl.de

Idee und Projektleitung: Sonja Sammüller
Gestaltung und Fotos: Sonja Sammüller
Satz: Henrik Stürzebecher, Nadine Meisinger

ISBN 3-89736-207-4